JAN MOEWES   EINE KLEINE GESCHICHTE DES RAUMS

## Das Buch

Geschrieben vor zwanzig Jahren erschien es Ende 1996 im Verlag Zweitausendeins unter dem, wie sich später herausstellen sollte, unglücklichen Titel „Für 12 Mark 80 durch das Universum – Über Zeit, Raum und Liebe". Unglücklich war der Titel insofern, als nur sechs Jahre später die stabile Währung D-Mark durch den Euro ersetzt wurde. Vertrauensvoll änderte der Verlag auch den Titel. Jetzt hieß es „ Für 6 Euro 50 durch das Universum...", was sich bald als fatale Entscheidung erwies, denn der Euro war jedes Jahr weniger wert und schließlich wurde das inzwischen zu einem kleinen Kultbuch gewordene Büchlein zum Verlustgeschäft, das der neue Verleger bei Amtsantritt eliminierte. Die Antiquare dagegen waren begeistert, denn nach kurzer Zeit war die Angebotsspanne zwischen 21 und 48 € angekommen.

Es kam dann noch zu einem neuen Versuch, der aber ähnlich katastrophal endete wie in letzter Zeit einige Flüge: Totalabsturz. Diesmal verlangten die Antiquare nur den doppelten Ladenpreis. Nun hat sich der Autor selbst entschlossen, sein Buch wieder günstiger zugänglich zu machen. Diesmal hat er auch den Titel gewählt, unter dem er es damals geschrieben hatte, weil er eine völlig andere Sicht auf den Kosmos hat als die herrschende Astrophysik, die mit der lieblosesten Schöpfungsgeschichte der Menschheit.

## Der Autor

Jan Moewes wurde 1944 in Hannover geboren und sehr bald ausgebombt. Es war nicht schön, zwischen lauter verstörten, verschämten oder verlogenen Erwachsenen groß zu werden, und es trieb ihn fort von dort. Wirklich sesshaft ist er erst im Alter geworden, aber so hat er viel erlebt und kann viel erzählen. Er hat nicht allzu lange studiert, ist dann Bühnenbildner geworden und hat am Bochumer Schauspielhaus unter Peter Zadek ein paar Jahre lang mit vielen Stars arbeiten können. Nebenbei hat er immer geschrieben, in Studentengazetten, Stadtzeitungen, Pamphlete, wilde Gedichte, Rocktexte und schließlich ein paar Übersetzungen und dann dieses Buch, sowie ein weiteres, das hier bald folgen soll.

**Jan Moewes**

# Eine kleine Geschichte des Raums

## Der Kosmos lebt

Copyright: © 2015 Jan Moewes
Titelbild: © 2015 Peter v. Tresckow
Verlag: tredition GmbH, Hamburg

ISBN Paperback: 978-3-7323-3701-9
ISBN Hardcover: 978-3-7323-3702-6
ISBN e-Book:    978-3-7323-3703-3
Printed in Germany

# INHALT

*Liebe ist die Kraft, die die Sonne bewegt*
*und alle anderen Sterne.*
*Dante Alighieri*

# 1. Voyager

Was nutzt der schlauste Kopf, wenn man ihm dumme Fragen stellt? Soviel wie ein Porsche auf einem Feldweg. Was nutzen wissenschaftliche Spitzenkräfte und Super-Elektronenhirne und eine Weltraumbehörde, die sich mit einer so dämlichen Frage beschäftigen wie der, ob es außer uns noch anderes Leben in diesem Kosmos gebe?

Gut, es wird natürlich nach »intelligentem« Leben gefragt, weil da die Dämlichkeit nicht so ins Auge springt, aber das macht keinen Unterschied. Damit es einen Unterschied machte, müsste nämlich erst einmal bewiesen werden, dass es unintelligentes Leben überhaupt gibt. Diesen Beweis dürften unsere Naturwissenschaftler kaum erbringen können, ist ihnen doch selbst die menschliche Intelligenz ein nicht einzuordnendes Rätsel.

Hinter der Fragestellung nach weiterem intelligenten Leben im Kosmos verbergen sich derart viele ungeprüfte und unbeweisbare Vorgaben, dass wir zu Anfang einmal die sogenannte Suche nach unseren Brüdern und Schwestern im All einer eingehenden Betrachtung würdigen werden, um dabei in der Absurdität des Vorhabens die Absurdität der Vorgaben zu erkennen.

Da sind zuerst einmal die beiden amerikanischen Raumsonden Voyager 1 und 2, die im Spätsommer des

Jahres 1977 ins All geschickt wurden. In der Geschichte der Raumfahrt ist das fast schon ein historisches Datum. Betrachtet man jedoch das Programm, vor allem das von Voyager 2, so muss man erkennen, dass sich die Raumsonde noch in der Startphase befindet. Dabei ist der erste und wohl gewichtigere Teil des Programms bereits zu aller Zufriedenheit erledigt. Der bestand in einer fast unglaublichen Reise durch unser Sonnensystem mit einem Besuch bei fast allen ferneren Planeten und dem ausdrücklichen Auftrag, von dort so viele Fotos wie möglich nach Hause zu schicken und zahlreiche weitere Informationen. Das hat bis dahin bewundernswert gut geklappt, brauchte aber seine Zeit. Das schnellste Flugobjekt, das der Mensch je gebaut hat, verließ die Erde im August 1977 und erreichte Jupiter im Juli 1979, Saturn im August 1981, Uranus 1986 und Neptun schließlich 1989. Die zurück gefunkten Informationen schaffen den Weg zum Glück in etwa vier Stunden. Auf Geschwindigkeiten und Entfernungen werden wir in einem späteren Kapitel noch genauer eingehen, im Moment dagegen lieber den zweiten Teil der Voyager-Reise begutachten.

Inzwischen nämlich hat unsere bis jetzt so erfolgreiche Sonde das Sonnensystem verlassen und befindet sich auf dem schnellsten Weg zu anderen Sonnen, wo sie als Botschafterin der Erde fungieren soll. Eine bestimmte Adresse als Ziel hat ihr niemand mitgegeben, aber falls der liebe Zufall sie in der Nähe einer intelligenten Zivilisation vorbeifliegen lässt, wird diese sich des seltsamen Flugobjektes schon bemächtigen und so die irdische Botschaft empfangen. So dachten zumindest Gerald Ford, der 38. Präsident der Vereinigten Staaten, und ein paar ausgesuchte Denker der NASA, Amerikas Raumfahrtbehörde. Vielleicht hofften sie sogar auf Antwort.

Um sich –oder besser gesagt uns alle – den vermeintlichen Brüdern im All geziemend zu präsentieren, haben die geistreichen Schöpfer der Idee allerlei hübsche Kleinigkeiten im Bauch der Sonde versteckt. Da ist vor allem eine kupferne Langspielplatte, die golden aussieht. »Sounds of Earth« heißt das Werk – Laute der Erde. Eine Abspielnadel ist für alle Fälle beigelegt, und ein paar Anweisungen zum Gebrauch finden sich auch auf der Hülle, neben Angaben zum Aufenthaltsort der Erde und zur augenblicklichen Epoche.

Hat der vermeintlich ausreichend intelligente Außerirdische alles verstanden und die Platte endlich aufgelegt, dann schallt ihm erstmal ein fröhliches »Guten Morgen!« in 56 oder mehr Sprachen entgegen. Dann darf er sich eineinhalb Stunden hervorragender Musik aus fünf Kontinenten anhören, auch ein Humpback-Wal wird zu vernehmen sein und ein paar irdische Geräusche mehr. Außerdem gibt es noch eine Schachtel mit Fotos von allen möglichen Situationen und jede Menge wissenschaftliche Spielereien wie beispielsweise die Aufzeichnung der elektrischen Aktivität eines Gehirns, eines Herzens, eines oder vermutlich zweier Augen und einiger Muskeln. Und natürlich schöne Grüße an alle von allen. Es ist anzunehmen, dass der Außerirdische sofort telegrafiert: »Grüße erhalten – stop – love – stop – ankomme Freitag, 18.35 Uhr ZZB – stop – E.T.2. « Dass hier auf Erden dann niemand weiß, was 18.35 Uhr ZZB sind, ist noch das geringste Problem bei diesem allzu schönen Plan.

Ein weitaus größeres Problem ist die Tatsache, dass auch im besten Fall, wenn nämlich schon im ersten Sonnensystem ein williger Eingeborener mitspielt – dass auch in diesem allerbesten Fall zigtausende von Jahren vergehen werden, bis das Teil überhaupt angekommen ist. Und wenn es erst im zweiten Sonnensystem passiert, dann eben noch ein paar zigtausend mehr. Das liegt an den großen Entfernungen im Raum und an den vergleichsweise kleinen Geschwindigkeiten solcher Raumfahrzeuge. Darauf werden wir später zurückkommen. Im Augenblick begnügen wir uns mit der Erkenntnis, dass in den nächsten 40000 Jahren mit keinerlei Echo auf diese Voyager-Mission zu rechnen ist. Angesichts der Verhältnisse auf der Erde muss man sagen, dass da mit großem Aufwand viel Geld sehr weit zum Fenster hinausgeworfen worden ist.

Und das, obwohl wir ja bis jetzt vom besten aller Fälle ausgegangen sind. Ein Katastrophenfall für das Unternehmen wäre neben unzähligen anderen vorstellbaren Szenarios zum Beispiel, dass der vom Zufall auserwählte Außerirdische nicht nur genauso intelligent ist wie ein durchschnittlicher Erdenbürger, sagen wir mal aus Gelsenkirchen-Buer, sondern an jenem fernen Tag einfach furchtbar schlechte Laune hat, weil er sich mit seiner vergleichbar intelligenten Gemahlin in der Wolle gehabt hat. Möglicherweise endet so die erste Begegnung zweier intelligenter Kulturen mit einem kräftigen Fußtritt oder ein paar Schlägen mit einer Eisenstange.

Was bringt eigentlich gerade uns zu der Annahme, dass unsere lieb gemeinte Botschaft freudig erregt aufgenommen wird? Es muss doch einem intelligenten Beobachter auffallen, dass zumindest hier auf der Erde jedes Leben den Atem anhält und versucht unbemerkt zu bleiben oder gar zu entkommen, wenn ein Mensch sich nur bemerkbar macht. Und gerade das ist ohne Frage ein klares Zeichen von Intelligenz! Der Großteil kosmischer Wesen wird sich wohl beim Anflug unserer Sonde einfach mucksmäuschenstill verhalten und erleichtert aufatmen, wenn's vorbei ist. Und nichts ist passiert. Und bei dem nächsten Stern, wieder 20000 Jahre später, lachen sie sich einfach schlapp, wenn Voyager vorbeikommt. Wäre auch nicht dumm.

Betrachtet man zum Beispiel das Schicksal der Indianer, muss man doch zugeben, dass es alles andere als intelligent wäre, einfach freudestrahlend auf einen unbekannten Erdenbürger zuzulaufen, um sich einige Minuten später abgeschlachtet wiederzufinden. Und damit sind wir beim wohl größten Problem der menschlichen Suche nach weiterer Intelligenz gelandet: Was bringt unsere Wissenschaftler zu der Annahme, dass sie diesmal besser als bisher imstande wären, ein intelligentes und beseeltes Wesen überhaupt zu erkennen? Die Geschichte der Wissenschaft unserer Zeit ist eigentlich eine Geschichte der Ignoranz.

Es ist gerade 500 Jahre her, dass eine »Neue Welt« entdeckt wurde, und hundert Jahre, wirklich wahr, hundert Jahre haben die höchsten Herren und die schlausten Köpfe diskutieren und untersuchen müssen, ob denn Indianer eine Seele haben. Als es dann feststand, gab es kaum noch welche. Ganz hat es sich immer noch nicht rumgesprochen.

Dass es sich bei Walen und Delphinen um höchst intelligente Wesen handelt, bezweifeln heute nur noch diejenigen, die sich nie mit dem Thema beschäftigt haben. Leider ist das weitaus die Mehrheit, und es steht zu befürchten, dass auch keine Wale mehr da sind, wenn es sich herumgesprochen hat. John C. Lily, der mehr als ein Jahrzehnt mit Delphinen gearbeitet hat, sagt darüber zwei Dinge. Erstens, dass die Grenzen der Verständigung bei uns liegen, was bedeutet, dass Delphine intelligenter sind als wir. Darauf lässt auch ihr komplexeres Gehirn schließen. Und dann sagt er, dass es lächerlich ist, im Weltraum nach Intelligenz zu suchen, wenn man sie vor der eigenen Nase nicht erkennt.

Was würde denn passieren, wenn die erhofften Außerirdischen wie Quallen aussehen oder wie Ameisen oder wie rosa Wolken? Welcher Wissenschaftler kann behaupten, dass Intelligenz in rosa Wolken sich nicht manifestieren könnte? Unsere eigene Intelligenz scheint eindeutig an das Gehirn gebunden zu sein, aber ist das zwingend? Und sitzt sie im Gehirn oder bedient sie sich desselben nur? Fest steht, dass man Tausende von Hirnen zerschnippelt hat und noch niemand hat auch nur ein Milligramm Intelligenz gefunden.

Und fest steht auch, dass wir das Resultat unserer Umwelt sind. Unsere Form von Leben ist tatsächlich an unseren Planeten gebunden, unsere Augen gibt es wegen unseres Lichts und unsere Lungen wegen unserer Luft. Gerade deswegen muss man doch annehmen, dass in völlig anderen Umwelten völlig anderes Leben entsteht. Und wer kann sagen, dass Intelligenz bei 2000°Kelvin nicht existieren kann? Wieder würden hundert Jahre vergehen, bis die ersten begriffen hätten, dass diese Invasion von Feuerbällchen oder großen Regenwürmern, von Gummibällen oder fliegenden Filzhüten, von leuchtenden Kalamaren oder singenden Pferdeschwänzen – dass das die Außerirdischen sind, die der Einladung von Voyager gefolgt sind. Und wieder wäre keiner mehr da.

So gesehen muss man hoffen, dass die gesuchten intelligenten Wesen intelligent genug sind, keinen Mucks von sich zu geben, um sich das Gröbste zu ersparen. Trostreich ist zu wissen, dass eventuelle Kontakte frühestens in 20000 Jahren stattfinden – wenn überhaupt.

# 2. MOP

20000 oder 40000 Jahre waren wohl auch der NASA zuviel. So wurde dann am 500.Jahrestag der Entdeckung Amerikas – damit keine Zweifel aufkommen – ein neues Programm gestartet, das bisher aufwendigste. Es heißt MOP, Microwave Observing Project, oder auf Deutsch: Mikrowellen-Beobachtungs-Vorhaben. In zwei entscheidenden Bereichen ist es dem Voyager-Unternehmen weit voraus. Es arbeitet mit Lichtgeschwindigkeit und braucht so nur 2 Jahre, wo Voyager 20000 Jahre braucht. Und es versucht keine Botschaft an den Mann zu bringen, wenn man den mal so nennen darf. Ganz im Gegenteil besteht das Projekt in der aufwendigsten Suche nach eventuell zu empfangenden Botschaften. Voyager ist wie der Versuch, eine Nadel über einem Stadion abzuwerfen und dann zu horchen, ob jemand »au!« schreit. MOP horcht einfach so, ob überhaupt wer schreit.

Die Idee ist alles andere als neu. Seit dreißig Jahren gibt es solche Programme, und keines hat bis jetzt Resultate gezeigt. Neu ist bei MOP die Größenordnung des Projekts. Zehn Jahre lang werden drei große Radioteleskope, darunter das von Arecibo in Puerto Rico mit seinem 300-Meter-Reflektor, das All auf einigen zig millionen Frequenzen gleichzeitig nach Radiosignalen abhorchen. Ein eigens entwickelter Superempfänger und die leistungsfähigsten Rechner ermöglichen es, aus der unglaublichen Menge von Signalen die wenigen herauszusuchen, die eventuell von anderen Zivilisationen stammen könnten. Das sind vor allem periodische Signale und solche, deren Frequenz nach einem bestimmten Muster schwankt.

Die Idee ist auch gar nicht schlecht. Wenn wir uns die Erde einmal von außen vorstellen, aus der Position eines eventuellen Beobachters auf einem anderen Planeten, dann hat vor hundert Jahren auf diesem bis dahin absolut ruhigen Himmelskörper ein Ausbruch von Radiosignalen begonnen, der ständig wächst. In bestimmten Wellenlängen sind wir gewiss ein sehr auffälliger Stern. Heute dürfte vor allem die massive Ausstrahlung von Fernsehprogrammen rund um die Uhr und rund um den Planeten ein kosmisches Phänomen sein. Und die Signale der ersten Fernsehsendungen Ende der 40er Jahre sind jetzt fast 50 Lichtjahre entfernt von uns in alle Richtungen unterwegs. Die Bilder vom Fall der Mauer können zurzeit in der Umgebung von Alpha-Centauri empfangen werden. Und wenn zur gleichen Zeit dort eine kosmische Olympiade ausgestrahlt worden wäre, so könnten wir die Signale heute auffangen und je nach technischem Wissen verwerten. Für wie intelligent wird uns ein Außerirdischer halten, dem es gelingt, eines unserer Fernsehprogramme zu entziffern?

»Das ist genau das, was wir am liebsten hätten – ein Fernsehsignal erwischen«, sagt Frank Drake, der Leiter des Projekts, das auch SETI heißt, Search for Extra Terrestrial Intelligence. Und dann sagt er, im gleichen Interview, dass seiner Meinung nach eine Chance von 50 Prozent besteht, dass »ein Kontakt hergestellt wird«. Aber da irrt Herr Drake möglicherweise. Trotz des großen Aufwands ist der Kosmos größer. Die zehn Jahre der Suche entsprechen dem Versuch, an der Bahnstrecke Hamburg–Lüneburg nach einem kurzen Blick über die Schulter auszusagen, ob dort Züge verkehren. Wenn man Glück hat, kommt tatsächlich gerade einer vorbei. Sonst kann man eigentlich nur mit der Schulter zucken.

Die außerirdische Zivilisation, die wir suchen, kann uns in wissenschaftlich-technischer Hinsicht weit überlegen sein. Sie kann ebenso gut auf dem gleichen Niveau sein, sie kann in der Entwicklung unterlegen sein und sie kann ohne weiteres auf eine ganz andere Art als wir kommunizieren, mikrowellenunabhängig. Oder wie Frank Drake befürchtet: »Es ist möglich, dass sie Kabelfernsehen haben«. Dieser Gedanke ist nicht so lächerlich, wie es scheint. Tausende von Jahren menschlicher Hochkulturen sind verstrichen, ohne dass Mikrowellen in Gebrauch waren. Seit gerade hundert Jahren benutzen wir sie, und bis jetzt täglich mehr – aber irgendwann werden sie uns wahrscheinlich so altertümlich erscheinen wie heute die pferdelose Kutsche des Carl Benz oder eine Schellackplatte mit 78 Umdrehungen.

Wenn wir davon ausgehen, dass die gesuchte – und eventuell gefundene – Kultur sich auf dem gleichen Niveau befindet wie wir, dann darf sie allenfalls 60 Lichtjahre entfernt leben; kosmisch gemessen ist das unsere nähere Nachbarschaft. Wenn die Außerirdischen aber 80 Lichtjahre entfernt existieren, dann könnten sie im Moment ein noch so verzweigtes Netz von Fernsehsendern haben und geschlossen allabendlich vor der Glotze hocken, ihre Familienserien gucken, ohne dass diese Signale in den nächsten zehn Jahren bei uns auftauchen werden. Und wenn MOP in der Umgebung eines 1000 Licht-jahre entfernten Sterns sucht, dann müssen sie dort vor 990 Jahren Fernsehen geguckt haben, damit wir die Sig-nale heute empfangen können. Haben sie aber dort die Hochblüte des Fernsehens vor 1100 Jahren gehabt und sind längst darüber hinaus, dann schauen wir hier wie-der umsonst in die Röhre, weil die Bilder schon lange an uns vorbeigeeilt sind wie der 200 Meter lange D-Zug auf der Strecke Hamburg–Lüneburg. Es ist tatsächlich mög-lich, dass sie Kabelfernsehen haben.

Es ist sogar möglich, dass sie gar kein Fernsehen haben, so wie wir vor zwei Generationen auch noch keins hatten, und Rom nicht und Karthago auch nicht. Möglich ist auch, dass sie es nicht haben wollen, obwohl sie es ohne weiteres einrichten könnten. Und wenn sie auf einem Planeten in unserer nächsten Umgebung le-ben – so bis etwa 30 Lichtjahre weit weg –, dann ist es nicht einmal unwahrscheinlich, dass sie es nicht wollen, weil sie unseres gesehen haben. Und schließlich ist sehr gut möglich, dass sie es einfach nicht nötig haben, weil sie etwas Besseres kennen.

Auch hier auf Erden gibt es die erstaunlichsten Phänomene von Kommunikation ohne Hilfsmittel. Schwarmfische und Zugvögel können Entscheidungen gleichzeitig treffen und Delphine sowieso. Delphine ha-ben einen Hirnbereich mehr als wir, und man nimmt an, dass er eventuell der Vernetzung der Einzelhirne zu ei-nem Gesamthirn dient. Mehr als annehmen ist derzeit nicht möglich, da der Mensch über die Intelligenz und ihr Funktionieren bis heute noch weitestgehend im Dunkeln tappt, selbst bei seiner eigenen Spezies. Aber dass Delphine sich viele Dinge nicht erst mitteilen müssen, weil sie sie gleichzeitig wissen, steht wohl fest. Zumindest bemüht man sich, herauszufinden, warum es so ist. Und wenn es denn schon in unseren eigenen Meeren so ist, wie erst kann es in den Unendlichkeiten der Welt da draußen sein! Ein bisschen gleicht MOP auch dem Auftrag an alle Raumfahrer, nach eventuell verlorenen Autoschlüsseln Ausschau zu halten. Wenn sich tatsächlich welche finden, ist bewiesen, dass wir nicht allein sind. Wenn sich aber keine finden – und es finden sich keine – ist gar nichts bewiesen.

Nichts als infantile Eitelkeit und fehlende Ehrfurcht legen uns die Annahme nahe, dass noch irgendwo im Weltall Familien auf Ikea-Sofas Waschmittelreklame im Fernsehen betrachten. Es ist absurd, sich vorzustellen, dass es irgendwo da draußen einen zweiten Professor Porsche gegeben hat, der einen zweiten Volkswagen gebaut hätte.

Niemand wird glauben, dass unsere kosmischen Brüder Deutsch sprechen oder Schwedisch. Dosensuppen und Nietenhosen sind wahrscheinlich einzigartig. Aber selbst wenn die Jeans in keiner anderen Galaxis zu haben sind – beweist das etwas über Leben oder Intelligenz?

Das einzige, was MOP beweist, ist die Ahnungslosigkeit unserer Wissenschaft. Weil sie nicht die geringste Ahnung von Intelligenz hat, hat sie auch noch nie eine Spur von Intelligenz gefunden. Auch vom Menschen ist im wissenschaftlichen Sinne kaum etwas über seine Intelligenz bekannt – wir wissen lediglich, dass wir mehr oder weniger darüber verfügen. Und wir sind die Einzigen, von denen wir es wissen. So kommt es, dass die Mehrheit sich außerirdische Intelligenz immer sehr menschlich vorstellt. So auch Frank Drake: »Wir sind ein guter Entwurf, und es ist möglich, dass sie uns ähnlich sind. Zum Beispiel mit Händen, um Werkzeuge benutzen zu können, einem Kopf im oberen Teil des Körpers und die Augen im Kopf. Obwohl es natürlich besser wäre, vier Hände zu haben, um mehr Einkaufstüten tragen zu können.« Der Scherz zum Schluss darf nicht darüber hinwegtäuschen, dass er das davor ernst meint und sehr ernsthaft hofft, dass »SIE« Fernsehen haben.

Traurig ist nur, dass niemand merken wird, wie intelligent »SIE« sind, wenn sie kein Fernsehen haben. Und sie haben keins. So gesehen sind auch die 100 Millionen MOP-Dollar rausgeschmissenes Geld. Um zum letzten Mal Frank Drake zu zitieren: »So viel Geld geben wir doch gar nicht aus. Dies ist eines der billigsten Programme der NASA. Wir haben gerade mal 10 Millionen Dollar pro Jahr, kaum 0,1 Prozent des NASA-Budgets. Für den amerikanischen Steuerzahler sind das 5 Cents pro Person und Jahr.« Wenn es wirklich um Leben und Intelligenz im Weltraum ginge, könnte die NASA entschieden billiger eine Antwort finden, um nicht zu sagen gratis.

Gratis wäre zum Beispiel, eine so dumme Frage gar nicht erst zu stellen oder jedenfalls nicht mit großem, wissenschaftlichem Aufwand nach einer Antwort zu suchen. Aber da liegt der Hund begraben: Es geht gar nicht um die Frage und auch nicht um die Antwort, es geht einzig und allein um den wissenschaftlichen Aufwand.

# 3. Was suchen wir im Raum?

MOP und Voyager sind ja nur zwei von zahlreichen Versuchen. Rührend ist auch die »interstellare Botschaft von Arecibo«. Am 16.November 1974 wurde ein Radiosignal von der Sternwarte in Arecibo in Richtung des Kugelhaufens M13 abgeschickt, der sich in 25000 Lichtjahren Entfernung weit außerhalb der galaktischen Ebene befindet. Das Funksignal enthielt 1679 Bits. Da 1679 = 73x23 ist, liegt es nach Meinung der Absender nahe, die Bits in einem Muster von 73x23 zu ordnen, was ein hübsches Bild ergibt, in dem neben vielen Kästchen und Balken eine Strichmännchen ähnliche Figur und die vereinfachte Darstellung einer Parabolantenne sofort die Aufmerksamkeit eines menschlichen Betrachters auf sich ziehen. Wie es aussieht, wenn man die Bits in einem Muster von 23x73 ordnet, was genauso nahe liegt, ist kaum zu erraten.

Leid tun kann einem der eventuelle Außerirdische sowieso. Um beim Anblick von zehn verschiedenen Blöcken zu verstehen, dass das der »Verständigung über binäres Zählen« dient, braucht man zwar nicht unbedingt das gleiche Hirn, wohl aber den gleichen Arbeitsalltag wie ein Astrophysiker. Und um später zu begreifen, dass das Männchen nicht mehr binär gemeint ist, sondern bildlich, muss man schon Hunderte davon gesehen haben. Und wozu es gut ist, die Anzahl der Zellkerne (?) des Menschen und die Größe des Radioteleskops mitzuteilen – wieder binär –, sei dahingestellt. Schwierig wird es schon, wenn der galaktische Physikprofessor Bevölkerungszahl und Zellkernmenge verwechselt. Dann stellt er sich die Erde so vor, wie wir uns China ausmalen: unglaublich viele winzige Männlein. Wenn er gar das zentrale Männchen der Botschaft binär nimmt, hält er uns wahrscheinlich für völlig bescheuert. Und der Wahrheit kommt er damit genauso nah wie mit dem Wissen, dass wir 6 Milliarden Menschen waren, als wir vor dann 25000 Jahren jene galaktische Flaschenpost ins kosmische Meer geworfen haben. In nur 50000 Jahren werden wir wissen, wie weit es geklappt hat.

Trotzdem darf man nicht glauben, dass die NASA einfach dumm ist. Niemand in der westlichen Welt gibt 100 Millionen Dollar für eine vage Hoffnung aus. Wenn also all diese gigantischen Unternehmen voraussichtlich zu gar nichts führen, und in absehbarer Zeit sowieso nicht, aber trotzdem hartnäckig viel Geld dafür ausgegeben wird, dann stimmt doch etwas nicht. Wozu betreibt jemand mit großem Aufwand eine Suche, die von vornherein zum Scheitern verurteilt ist? Welches Interesse kann jemand an einem Fehlschlag haben?

So unglaublich es klingt — es sieht so aus, als ob gerade der Fehlschlag das eigentliche Ziel des Unterfangens ist. In Wahrheit hoffen alle Beteiligten, dass nichts passiert. Niemand will wirklich intelligente Brüder im All. Alle wollen das All für uns allein. Bewiesen werden soll, dass KEIN intelligentes Leben außer uns im Weltraum existiert. Aber dieser Beweis ist nicht zu führen, und so tut man dann so, als ob man das Gegenteil beweisen möchte — natürlich erfolglos, weil das ja indirekt die eigentliche These untermauert.

Es ist wie mit den Wahlplakaten; allein die Tatsache, dass eine an sich abschreckende Visage tausendfach großflächig und vierfarbig abgebildet wird, wertet sie dermaßen auf, dass es hinterher sogar Leute gibt, die Sowas wählen. Allein die Tatsache, dass die Weltmacht USA Milliarden Dollar dafür ausgibt, wertet die erschreckend dumme Frage nach weiterem Leben im Raum derart auf, dass hochrangige Forscher und exzellente Publikationen sich ihr widmen. Genau wie wir.

Wenn es überhaupt etwas zu beweisen gäbe, dann doch allenfalls die Möglichkeit, dass unser Leben existieren könnte ohne anderes Leben ringsum –, dass wir intelligent sein könnten ohne andere Intelligenz ringsum. Zu beweisen wäre unsere Einzigartigkeit. Und solange die nicht bewiesen ist, sollten wir besser davon ausgehen, dass Raum und Zeit erfüllt sind von Leben und Intelligenz.

Es gab eine Zeit, da hat man mit sehr unfeinen Methoden die These verteidigt, dass die Erde der Mittelpunkt der Welt sei. Das weiß man heute besser. Desto verbissener muss man nun die Vorstellung verteidigen, dass der Mensch die Krone der Schöpfung sei. Irgendwann werden wir es besser wissen. Dann werden wir erkennen, dass unser Leben Teil eines größeren Lebens ist und unsere Intelligenz eingebettet in eine größere Intelligenz. Dann werden wir wieder Respekt haben vor dem, was uns völlig enthält, und dann werden wir es vielleicht wieder verstehen.

Wir dürfen nicht vergessen, dass wir die erste und einzige Kultur mit dieser Sichtweise der Einzigartigkeit sind. Bis vor 4000 Jahren hat niemand daran gezweifelt, dass es mehr Geist in dieser Welt gibt als unser bisschen. Niemand vor uns hat sich je anders gesehen als alles ringsum. Die Abgrenzung ist unsere Erfindung, und sie ist weder dem Leben dienlich noch seinem besseren Verständnis. Wer einen Menschen liebt, weiß mehr über ihn, als wer ihn seziert. Einheit ist der beste Weg zum Verständnis. Und es ist alles eins, und alle haben es immer gewusst.

Wir sind Zeugen des Zusammenbruchs einer Weltanschauung der Arroganz, die uns selbst über alles stellt, obwohl wir doch mittendrin stehen. Voyager und MOP sind nichts als das letzte Aufbäumen eines längst gebrochenen Stolzes. Wir werden nicht mehr lange in den Weltraum schauen wie Kolumbus nach Amerika geschaut hat: »Alles meins!« Es ist nicht unser, weil wir kosmisch gesehen ein Fliegenschiss sind, und wenn es schon besitzanzeigend sein muss, dann sind wir dessen, ob auch immer man es Raum oder Zeit, Gott oder Welt nennen will.

Wären wir weniger überheblich, würden wir vielleicht sogar eine interstellare Botschaft zustande bringen, die interstellar verständlich wäre. Vielleicht würden wir einfach alle zusammen singen.

# 4. Der Raum

Hauptsächlich besteht der Raum aus Zwischenraum. Und seine Ausdehnung übersteigt die menschliche Vorstellungskraft. Damit wir uns trotzdem ein Bild machen können, beginnen wir mit einem Spielzeugraum – einem Modell der Sonne und ihrer nächsten Umgebung im unglaublichen Maßstab von 1:10 Milliarden. 10 Zentimeter in unserem Spielzeugraum entsprechen dann einer Million Kilometer im wirklichen Raum. Die Sonne ist nur noch eine leuchtende Honigmelone. Merkur ist ein Sandkorn in 5 Meter Entfernung und Venus der Kopf einer Stecknadel, genau wie die Erde, diese in einem Abstand von 15 Metern und jene von knapp über 10 Metern. Mars schwebt als Mohnsamen 23 Meter weit von der Honigmelone, aber Jupiter ist schon fast so groß wie eine Kirsche, allerdings 80 Meter weit weg. Saturn ist nicht viel kleiner, aber doppelt so weit entfernt, Uranus eine Erbse in fast 300 Metern, Neptun eine mickrige Erbse in 450 Metern und schließlich Pluto, ein weiteres Staubkörnchen, in 600 Metern Abstand von unserer Spielzeugsonne. Mit einer Handvoll Mehl dazwischen gestreut vervollständigen wir das Modell und haben unser Sonnensystem komplett. Sonst nichts, nur Zwischenraum. Eine Schildkröte könnte darin die Lichtgeschwindigkeit darstellen, wenn sie sechs Stunden brauchen würde, um direkt von der Sonne zum Pluto zu kriechen. Das ganze Modell hätte in einem ordentlichen Stadtpark Platz.

Schwierig wird es erst, wenn wir unser Modell um ein paar Nachbarsonnen bereichern wollen. Wenn wir unseren Stadtpark beispielsweise in Berlin annehmen, dann müssten wir mit der nächsten Honigmelone bis nach Novosibirsk fahren, 4100 Kilometer weit, um sie dort abzulegen. Das wäre dann der Stern Proxima Centauri. Proxima heißt diese Sonne, weil sie der unseren die nächste ist. Auf der gesamten Erdkugel dürften wir noch knapp 20 weitere Melonen und sogar Kürbisse verteilen, jeweils mit Krümeln und Staub, aber dann wird der Modellbau wirklich kompliziert. Wollte man zum Beispiel Deneb im Schwan in unserem Modell darstellen, dann müsste man den Kürbis viereinhalb mal so weit entfernt unterbringen, wie unser realer Mond von uns schwebt, in 1,7 Millionen Kilometern Abstand vom Berliner Park mit der Melone, die unsere Sonne sein soll. Und dazwischen Zwischenraum, sonst nichts.

Das ist vielleicht gerade noch vorstellbar – 20 Melonen und 50 Erbsen über den ganzen Erdball verteilt und sonst nichts. Ein gutes Modell für Raum, in jeder Hinsicht. Aber lassen wir das Modell und springen wir in die zehn Milliarden mal gewaltigere Realität. Jetzt hat der Raum ein beeindruckendes Format!

Um ihn auch nur halbwegs anständig vermessen zu können, musste der wissenschaftliche Mensch das längste Maßband aller Zeiten erfinden, das Lichtjahr. Das Lichtjahr hat gegenüber einem klassischen Zollstock zwei große Vorteile; es wiegt so gut wie gar nichts und es ist unermesslich länger. Um ganz genau zu sein, ist es just 5000000000000000mal so lang, und das darf man wohl unermesslich nennen. 10 Billionen Kilometer! Wer sich das vorstellen kann, der möge sich melden. Der kann sich vielleicht sogar vorstellen, wie das Licht in nur einer Sekunde siebeneinhalb mal um den Erdball saust. Für den Menschen sind astronomische Maße wie beispielsweise 4 Millionen Jahre sinnlich nicht erfassbar und damit nicht genauer als der Anfang eines Indianermärchens: »Als die große Urmutter unter ihren Rock schaute und da die Erde fand ...«

Aber was soll man machen? Wir benutzen jetzt den gleichen Trick und machen uns die Geschwindigkeit des Lichts zunutze. Es heißt ja, dass eine höhere Geschwindigkeit nicht erreicht werden kann. Nun sind 300.000 Kilometer pro Sekunde auch kein Pappenstiel. Doch selbst wenn wir uns nun wie einst Münchhausen auf seiner Kanonenkugel auf einen Lichtstrahl setzen, den unsere Sonne abschickt, und so mit den erwähnten 300.000 Sekundenkilometern reisen, werden wir doch - einige Zeit brauchen, wenn wir mehr erkunden wollen als die schon vom Modell her bekannte nähere Umgebung. Merkur haben wir schon nach drei Minuten passiert, Venus nach 6, die Erde nach 8 und Mars nach 13 Minuten. Eine halbe Stunde später taucht ein wesentlich größerer Himmelskörper auf, Jupiter, und noch eine Stunde drauf Saturn, auch ein Brocken. Uranus passieren wir nach insgesamt 2 ¾ Stunden und Neptun nach 4 ½. Nach 6 Stunden müssen wir ordentlich aufpassen, damit wir den winzigen Pluto nicht übersehen, und dann haben wir unser Sonnensystem verlassen. Jetzt können wir ruhig ein ordentliches Picknick machen und so viele Nickerchen, wie wir möchten. Denn jetzt wird über vier Jahre nichts passieren, bis wir bei Proxima Centauri vorbeizischen und in dessen Nähe vermutlich wiederum mit ein paar einzelnen Brocken rechnen müssen. Aber auch dieser Spuk dauert nur ein paar Stunden und dann ist wieder Ruhe, jahrelang. Alle paar Jahre mal ein Stern und in dessen näherer Umgebung verstärktes Verkehrsaufkommen – und sonst gar nichts. Sirius lassen wir nach 9 Jahren hinter uns und nach 1800 Jahren nähern wir uns Deneb, den wir schon im Modell schlecht unterbringen konnten. Aber so kann es noch ewig weitergehen, je nachdem in welche Richtung wir sausen. 10.000 Jahre, wenn wir senkrecht aus unserer Galaxis herausschießen. Wenn wir uns in der galaktischen Ebene bewegen, werden es 25.000 sein zum nächsten Ausgang und 75.000 quer durch den Saal. Einmal längs durch unsere Galaxis sind 100.000 Jahre mit einer Geschwindigkeit von fast 300.000 Kilometern pro Sekunde. Das kann man genauso gut ewig nennen.

Und wenn wir die Lust auf Reisen noch nicht verloren haben, können wir auf unserem Lichtblitz weiterfahren, um zu erleben, wie 4 Millionen Jahre so gut wie nichts passiert, bis eine andere Galaxis auftaucht, ähnlich der unseren. Was eine Galaxis ist, wird uns später noch genauer beschäftigen. Auf jeden Fall werden wir auf unserer Reise alle paar Millionen Jahre an einer vorbeikommen, und nicht alle sind sich ähnlich. Wer es dann 15 Milliarden Jahre ausgehalten hat, der ist endlich dort, wo unsere Astronomen hinschauen, wenn sie so weit gucken, wie sie können. Sagen sie.

Da der Raum gekrümmt ist, wie sie sagen, wäre es doch auch möglich, dass die allerletzte Galaxis in 15 Milliarden Lichtjahren Entfernung wieder wir selbst sind.

So, wie man auch auf Erden wieder zu Hause ankommt, wenn man immer nur geradeaus geht. Auf unserer imaginären Reise hätte das den Vorteil, dass wir nach 15 Milliarden Jahren von unserem Lichtblitz direkt absteigen und uns auf eine grüne Wiese fallen lassen könnten und so das Problem der Rückfahrt wunderschön gelöst hätten.

Vielleicht wäre es gerade Nacht und sternenklar, und ganz gewiss wären wir glücklich, den Himmel wieder so zu sehen, wie wir ihn lieben. Wahrscheinlich würden wir ihn mehr lieben als je zuvor, und ganz bestimmt würden wir ihn mit anderen Augen sehen. Wir würden zum Beispiel wissen, dass ALLE, wirklich ALLE Sterne, die wir mit bloßem Auge sehen, zu unserer Galaxis gehören. Alle Sterne und auch alle sonstigen Lichtschimmer, bis auf einen einzigen – zumindest nördlich des Äquators.

In klaren Nächten kann, wer gute Augen hat, ein schwaches Flimmern im Sternbild Andromeda wahrnehmen. Es ist eindeutig kein Stern, und deshalb hat man es immer Nebel genannt, wie viele andere Gas- oder Staubwolken. Erst in unserem Jahrhundert hat man erkannt, dass es etwas anderes ist. Der Andromedanebel ist kein Nebel, sondern eine eigene Galaxis, die uns nächste. Alles andere, was wir auf der Nordhalbkugel mit bloßem Auge wahrnehmen können, ist unsere Galaxis. Am südlichen Sternenhimmel sieht man stattdessen die beiden Magellanschen Wolken, die auch keine Wolken sind, sondern ebenfalls zwei, allerdings unregelmäßige Galaxien in nächster Nachbarschaft.

Und jetzt werden wir erstmal kurz klären, was denn nun eine Galaxis ist. Schließlich wohnen wir ja in einer. Der Begriff kommt vom griechischen galactos, was Milch heißt. Von innen gesehen sagt man auch Via - Lactea dazu oder auf gut deutsch Milchstraße. Das leuchtende Band, was wir in klaren Nächten am Himmel sehen, ist die Innenansicht der Galaxis.

Stellen wir uns einmal vor, wir wären ein Molekül im Inneren eines Frisbees, das am Strand liegt. Wenn wir jetzt nach oben oder unten schauen, sehen wir recht wenig andere Moleküle, weil das Frisbee ziemlich dünn ist. Schauen wir aber flach durch die Frisbee-Ebene, sehen wir so viele Moleküle, dass man nicht mehr hindurchschauen kann. Unsere Galaxis hat eine frisbeeähnliche Form, und die vielen Sterne, die die Milchstraße bilden, zeigen uns die galaktische Ebene.

Haben Sie sich das vorstellen können? Dann seien Sie jetzt vorsichtig und halten Sie sich fest, denn nun kommt der kleine Junge angerannt, dem das Frisbee gehört, und er wirft es seinem Freund zu. Jetzt ist unser Frisbee einer Galaxis noch viel ähnlicher, als wenn es am Strand liegt. Eine Galaxis kann man sich liegend gar nicht vorstellen — wo sollte sie auch liegen — sondern nur durchs All sausend, und zwar im Prinzip genauso wie das Frisbee.

Nach dem Lexikon ist eine Galaxis die Ansammlung einer großen Zahl von Sternen, Gas und Staub. In unserem Fall bilden diese eine flache Scheibe mit einem Durchmesser von 100.000 Lichtjahren. Ein riesiges Feuerrad ist wohl das Ähnlichste, was wir kennen. Natürlich ist die Ähnlichkeit mit einem Feuerrad rein äußerlich. In Wirklichkeit hat niemand eine Ahnung, welche Kräfte die durchschnittlich Hunderttausend Millionen Sonnen zusammenhalten, die eine Galaxis bilden. Und außer Sonnen, Gas und Staub gibt es noch Schwarze Löcher, Weiße Zwerge, Neutronensterne, Supernovas und vieles mehr, was sich einer einfachen Beschreibung entzieht. So wissen wir zum Beispiel so gut wie gar nichts über das Zentrum einer Galaxis und was darin passiert. Wie es aussieht, gibt es ein strahlendes Zentrum und ein saugendes. Während die Sonnen langsam nach außen driften, drängt zwischen ihnen nichtstrahlende Masse nach innen. So entstehen die schönen Spiralarme. Und dass wir von der Erde aus das strahlende Zentrum unserer Milchstraße nicht sehen, liegt an ausgedehnten Staubwolken, die sich vor unseren Blick geschoben haben. Sonst hätten wir vermutlich im Sommer tagsüber zwei Sonnen am Himmel und im Winter eine tags und eine nachts. Und alles wäre völlig anders.

Viel wissen wir nicht über Wesen und Funktion einer Galaxis. Was wir dagegen wissen, ist, dass der Himmel voll davon ist. Die Astronomie spricht von Hunderttausenden von Millionen Galaxien. Zwei davon können wir hier ohne Hilfsmittel sehen: M 31 oder den Andromedanebel und unsere eigene.

Wenn Sie mal jemanden treffen, der behauptet, die Milchstraße noch nie gesehen zu haben, dann wissen Sie jetzt, dass er sich irrt. Tatsächlich ist alles, was wir sehen, die Milchstraße. Und wenn jemand fragt, wo sie denn sei, die Milchstraße, dann werden Sie hoffentlich nicht auf das flimmernde Band am Himmel zeigen, sondern im Brustton der Überzeugung sagen: »Hier!« Wenn Sie in Ihrer Küche stehen und es fragt Sie jemand, wo denn die Küche sei, dann sagen Sie doch auch »hier«

statt auf die Wände ringsum zu deuten und »da« zu sagen.

Wenn wir auch nicht der Mittelpunkt der Welt sein sollten – mittendrin sind wir. Und die Galaxis ist nicht nur da draußen, sondern auch das Stück Rasen, auf dem wir liegen, genau wie wir selbst und der Opel-Corsa, den wir uns gerade gekauft haben. Auch Tante Frieda gehört dazu und die Ameisen, die uns gerade pieken. Wir liegen ja immer noch im Gras, zurück von unserer 15-Milliarden-Jahre-Reise, und schauen in den nächtlichen Himmel – glücklich. Da wir die Dimension des Raums erlebt haben, werden wir sie wahrscheinlich sogar zu sehen meinen. Man sieht meistens nur das, was man versteht. Und wir hätten noch viel mehr verstanden. Wir wüssten zum Beispiel, dass nichts da ist, wo wir es sehen, weil ja alles umeinander saust, mit meist beachtlichen Geschwindigkeiten. Die Sonne war vor 8 Minuten, wo wir sie sehen, Saturn vor Stunden und Deneb vor fast 2000 Jahren. Es ist ähnlich wie bei dem Mann mit dem Hammer, den wir in einiger Entfernung auf der Baustelle sehen. Wir hören die Hammerschläge, wenn der Hammer in der Luft ist.

Und die Geschwindigkeiten sind relativ hoch. Relativ sind Geschwindigkeiten immer, weil sie immer einen Bezugspunkt brauchen. Wie hoch sie sind, können wir am Beispiel unserer eigenen Reisegeschwindigkeit sehen, über die wir selten nachdenken, weil alles, was uns umgibt, mit uns reist. Wie das Kind, das auf dem Rücksitz jenes bekannt gut gefederten Automodells sein Türmchen aus Bauklötzen zustande kriegt, ohne dass es die 140 Stundenkilometer bemerkt, mit denen Papi über die Autobahn fegt.

Ein Bewohner des Äquators legt täglich durch die Erdumdrehung 40000 Kilometer zurück, und auch die Kreise eines Berliners dürften noch bei 20.000 Kilometern pro Tag liegen – das sind fast 1000 Stundenkilometer. Und das ist noch gar nichts. Die Bahngeschwindigkeit der Erde bei ihrem jährlichen Umlauf um die Sonne beträgt beachtliche 108.000 Stundenkilometer. Und es kann niemand sagen, dass er nicht dabei ist. Natürlich saust die Sonne ihrerseits mit einer noch höheren Geschwindigkeit durch die Galaxis, und wir sausen mit. Und dass die Galaxis derweil untätig herumsteht, nimmt niemand an. Es heißt, dass die entferntesten Galaxien sich relativ zu uns mit annähernder Lichtgeschwindigkeit bewegen. Oder wir relativ zu denen. Es heißt auch, dass Raum und Zeit nicht mehr existieren, wenn man sich mit Lichtgeschwindigkeit bewegt. Das hat jedenfalls Einstein gesagt, und meist scheint er ja recht zu haben. Etwas Ähnliches sagt auch Don Juan, der indianische Medizinmann in den Büchern von Carlos Castaneda. Es ist möglich, dass sie das gleiche meinen.

Auf jeden Fall ist das schöne Lied passé: »Weißt du, wieviel Sternlein stehen...« Heute weiß es jedes Kind. Es steht nicht eines. Und das ist der Raum. Alles rast umeinander rum, und nur weil so viel Platz da ist, passiert so wenig.

Und solange nichts passiert, kann es uns sogar relativ egal sein, ob wir nun vielleicht doch mit Lichtgeschwindigkeit durchs All brausen oder nicht. Wir sind es ja gewohnt. Wenn natürlich was passiert, geht es uns wie den Bauklötzen des kleinen Jungen auf dem Rücksitz, wenn Papi plötzlich bremsen muss: Ratataklonk! Zum Glück passiert's nur alle 4 Millionen Jahre. Es könnten ebenso gut 8 sein oder 80 oder gar Milliarden Jahre – was macht's? Wahrscheinlich kommt man der Sache sogar näher, wenn man es unendlich nennt, und der Selbsteinschätzung ist es auf jeden Fall förderlich.

Wir dürfen nicht vergessen, dass unser Wissen über die Struktur und die Weite des Raums kein Wissen ist, sondern größtenteils Theorien und Modelle, die selten unumstritten sind. Und täglich sind weitere Theorien nötig, um neue Entdeckungen in ein Gedankengebäude einzuordnen, das sie zuerst einmal in Frage stellen. Das Resultat all unserer Forschung ist ein ständig wachsender Katalog unbeantworteter Fragen. Je mehr wir zu wissen meinen, desto größer wird das Wunder, das wir All nennen. Auch wir gehören zu den vielen kleinen Wundern, die das große Wunder geschaffen hat.

Der Versuch, dieses Wunder als Ablauf physikalischer Gesetzmäßigkeiten zu beschreiben, ist eine Torheit und vermessen. Ähnlich sinnvoll wäre es, Leben und Tod seines Vaters in physikalischen Formeln auszudrücken. Das Wesentliche bleibt auf der Strecke. In unserem Raum steckt mehr als Mechanik, selbst wenn es Quantenmechanik sein sollte. Damit unsere Weltraumforschung einmal sinnvolle Ergebnisse hervorbringen kann, müssen so unwissenschaftliche Haltungen wie Bescheidenheit, Respekt und Liebe  Einzug in die Forschung halten – und in die Hirne der Forschenden.

Fassen wir es noch einmal zusammen: Wir leben auf einem von neun oder vielleicht zehn Planeten, ohne die »Kleinplaneten« zu zählen, die um unsere Sonne kreisen. Unsere Sonne ist eine nicht einmal besonders bemerkenswerte von 100 Milliarden Sonnen in unserer Galaxis, die eine von 100 Milliarden bisher bekannter Galaxien ist. Der Raum zwischen diesen Galaxien ist 100 Milliarden Mal größer als die Galaxien. Nichts steht still und nichts ist da, wo wir es sehen. Und nichts trennt uns von alldem. Ganz im Gegenteil – wir sind mittendrin, eines von vielen Phänomenen, die der wilde Wirbel, der sich Kosmos nennt, hervorgebracht hat. Wir sind ein Produkt, ein Kind dieses Raums, der uns umgibt, der uns enthält, der uns erfunden hat und der uns am Leben hält.

Wenn wir unseren Vorgarten als Teil des Weltraums begreifen, kommen wir dem Raum näher, als wenn wir die Entfernung zum Andromedanebel auf den Millimeter bestimmen können. Obwohl der Raum hauptsächlich Zwischenraum ist, ist er eins. Obwohl uns vor allem die Entfernungen mitgeteilt werden, gehören wir dazu. Nie werden wir den Raum begreifen können, wenn wir ihn nicht in uns begreifen.

# 5. Der Mensch

Hauptsächlich besteht der Mensch aus Zwischenraum. Wenn Sie schon einmal einen Faustschlag ins Gesicht bekommen haben, werden Sie das kaum glauben, weil Sie die Faust doch als etwas sehr Kompaktes empfunden haben. Aber die Wissenschaft sagt, dass alle Materie, auch Fleisch und sogar Blut, aus Molekülen besteht, und diese wiederum aus Atomen. Ein Atom ist ein winzig kleines, aber recht genaues Modell eines Sonnensystems.

Seit Hiroshima wissen wir, dass die Wissenschaft in diesem Punkte recht hat. Und das bedeutet, dass in der Molekularforschung das gleiche gilt, wie in der Astronomie: je mehr wir wissen, desto größer wird das Wunder. Oder möchte jemand abstreiten, dass es ein Wunder ist, wenn eine astronomische Anzahl von Protonen, Neutronen und Elektronen sich 78 Jahre lang so verhalten, dass es aussieht wie Karl-Heinz? Und es sieht nicht nur so aus, weil sogar Karl-Heinz glaubt, dass er's ist. Erschwerend kommt hinzu, dass weder die Atome immer die gleichen sind, noch Karl-Heinz immer der gleiche bleibt. Trotzdem können wir den Greis bisweilen auf einem Foto von seinem ersten Schultag wiedererkennen.

Es ist vermutlich richtig, dass der Mensch wie alle Materie ringsum aus umeinander kreisenden Partikeln besteht. Aber noch richtiger ist, dass das nicht viel über sein eigentliches Wesen aussagt. Trotzdem wollen wir es noch einmal Schritt für Schritt wiederholen, weil es fast zu schön ist, um wahr zu sein. Ein Atom besteht aus einem Kern, um den je nach Beschaffenheit mehr oder weniger Elektronen kreisen. Zahlreiche Atome können ein komplexeres Gebilde formen, das man dann Molekül nennt. Zahlreiche Moleküle können alles Mögliche formen, was sie tatsächlich auch tun. ALLES Mögliche formt sich aus Molekülen. Das bedeutet natürlich auch, dass diese Moleküle genauso gut alles mögliche andere formen könnten – wenn sie wollten oder sollten. Ein Wasserstoffatom ist ein Wasserstoffatom, aber es kann in einem Menschen auftauchen oder in einem Stuhl, in der Luft wie im Stuhlgang und in der Sonne wie in einem Sonnenöl. Und das Wasserstoffatom als solches tut das gleiche, ob es nun im Menschen steckt oder im Stuhl, auf den er sich setzt, oder im Sonnenöl, mit dem er sich einschmiert. Es gehorcht den Gesetzen der Physik. Und dabei funktioniert es – als Mensch, als Stuhl und als Sonnenöl.

Wenn nun die Gesetze der Physik immer die gleichen sind, das Atom aber im Hirn sitzen kann oder im Hintern, dann muss es doch etwas geben, das wichtiger ist als die Gesetze der Physik. Wieso kann ein Bild hundert Jahre an der Wand hängen, wenn Wand, Bild und Nagel nichts weiter sind als umeinander kreisender Zwischenraum? Woher wissen die Atome, wie sie sich zu verhalten haben, damit uns ein Bart sprießt?

Der Mensch, der sich gerne für die Krone der Schöpfung hält, hat sich das nicht ausgedacht, zum Glück. Unser Herz, unsere Lunge, unsere Beine und unsere Augen verdanken wir einer Entscheidung, die nicht physikalisch und nicht chemisch zu erklären ist.

Unser Hirn, auf das wir so stolz sind – wir haben es nicht erfunden. Aber wir haben das Staunen verlernt und das Danken vergessen. Es scheint, dass sich niemand mehr wundert über die Wunder der Schöpfung. Aber das menschliche Herz ist ein Wunder und das Hirn ein mindestens ebenso großes. Ohne die Ergebnisse unserer neuzeitlichen Wissenschaft schmälern zu wollen, muss man doch sehen, dass sie dem Wunder hilflos gegenübersteht. Die Fragen, wie ein Herz wächst, wie es bis zu hundert Jahre funktionieren kann und was es sonst noch tut, sind in wissenschaftlichem Sinne völlig unbeantwortet. Wir wissen, dass ein Menschenherz durchschnittlich 320 Gramm wiegt, rund 300 Kubikzentimeter groß ist, sich aus Wasser, Eiweiß und ein paar mehr Kleinigkeiten zusammensetzt, dass es 60mal in der Minute schlägt, einen Liter Blut in irgendeiner Zeit pumpt und aus ganz schön vielen Atomen besteht. Wissen wir damit etwas Wesentliches über das Herz? Über das Wesen wissen wir nichts.

Im wissenschaftlichen Sinne wissen wir nichts. Natürlich hat ein jeder schon gelitten, ein jeder hat geliebt und hat auch Angst gehabt. Und ein jeder hat all diese Gefühle in seinem Herzen gespürt, unter anderem. Wissenschaftlich ist das Quatsch. Beim Menschen sagt es natürlich niemand, weil wir es alle besser wissen. Aber erzählen Sie mal jemandem, dass ein Stein leidet. Wenn er überhaupt noch weiter mit Ihnen spricht, wird er Ihnen sagen, dass das Quatsch ist, wissenschaftlich gesehen. Aber wissenschaftlich gesehen unterscheidet sich der Stein vom Menschen hauptsächlich dadurch, dass Menschen die Wissenschaft machen und nicht Steine. Ansonsten bestehen beide aus Atomen und Zwischenraum.

Lassen wir die Steine erstmal außer acht. Der Mensch ist auf jeden Fall beseelt – und intelligent, mehr oder weniger. Wo die Seele sitzt, wissen wir überhaupt nicht, aber zwischen Hirn und Intelligenz scheint ein - Zusammenhang zu bestehen. Wissen Sie, wie ein menschliches Hirn funktioniert? So ähnlich wie die freie Marktwirtschaft. Es gibt ein riesiges Angebot, und die Nachfrage regelt das Weitere. Im Ernst– unser wunderschönes Hirn hat keinen ordentlichen Schaltplan. Es gibt reizbare Stellen im Überfluss, und je mehr passiert, desto besser. Jedes einzelne von 6 Milliarden Menschenhirnen baut sich sein eigenes Programm aus dem unendlichen Angebot und den mehr oder weniger vielfältigen Reizen zusammen. Wo ein Reiz sich wiederholt, wird das Netz verfestigt. Ständig wiederholte Reize führen zu Autobahnen im Gehirn. Wenn zwei Menschen denselben Lastwagen auf sich zurasen sehen, passieren in den zwei Hirnen unterschiedliche Dinge, aber beide springen zur Seite.

Wir wissen heute einiges über das Hirn, und wir können es sogar beeinflussen, aber über die Intelligenz wissen wir gar nichts. Wir sind in der Situation eines Detektivs, der weiß, dass die Kugel ein Kaliber von 6,5 mm hatte. Weiß er damit, ob der Schütze blond oder braun, groß oder klein, Chinese oder Schleswig-Holsteiner war? Er weiß nicht mal, ob es ein guter Schütze war. Das Hirn ist wie die Axt, die den Baum fällt, ein hervorragendes

Werkzeug. Aber wer schlägt damit zu? Dass die Kraft nicht in der Axt sitzt, ist klar. Dass die Intelligenz im Hirn entsteht, ist ganz und gar nicht klar.

Wenn über die Intelligenz gar nichts klar ist, dann über die Seele noch weniger. Wissenschaftlich ist die Seele das gleiche wie Australien vor 500 Jahren; man hat noch nicht Kenntnis davon genommen. Aber jeder Mensch war schon mal glücklich, z.B. beim Anblick eines Sonnenuntergangs, und so weiß jeder Mensch, dass er eine Seele hat. Eigentlich ist es verblüffend, dass die Wissenschaft sich diesem Phänomen nicht ernsthaft widmet, obwohl es doch etwas sehr Auffälliges ist. Hunderte von Seiten werden über kleine blaue Schmetterlinge mit oder ohne schwarzen Punkt auf dem Flügel vollgeschrieben, aber wenn man etwas über die Seele wissen möchte, muss man schon in die Kirche gehen. Und da wissen sie auch nicht, was abgeht – da wissen sie nur, wie sie es gerne hätten.

Wir wissen also nichts über die Seele, und wir wissen nichts über Geist. Andererseits wissen wir genau, dass Geist und Seele das Wesen eines Menschen weit mehr ausmachen als Größe oder Gewicht. Ganz krass gesagt heißt das, dass wir über den Menschen kaum etwas Wesentliches wissen – wissenschaftlich gesehen. Menschlich gesehen wissen wir natürlich einiges.

Tante Else zum Beispiel ist klein und geizig, kräftig aber furchtsam, grauhaarig und völlig humorlos, kurzsichtig und tratschsüchtig. Sie hasst Unordnung und liebt ihren Enkel. Welche dieser Eigenschaften können wir feststellen, wenn wir Tante Else mit den Mitteln betrachten, mit denen wir im Weltraum suchen? Höchstens die Hälfte, und zwar die relativ unwesentliche. Man könnte also sagen, dass der Mensch sich aus zwei Teilen zusammensetzt – aus einem wissenschaftlich erfassbaren und einem, der unserer Wissenschaft bis jetzt verborgen geblieben ist. Genauso gut könnte man von Körper und Geist sprechen.

Natürlich sind Körper und Geist nicht zwei sauber zu trennende Teile, die dann zusammenkommen und den Menschen ausmachen. Körper und Geist sind EINS. Das eine kann nicht ohne das andere existieren, und niemand könnte sagen, wo das eine aufhört und das andere anfängt. Die Grenze wird allein durch unsere Fähigkeit der Wahrnehmung gezogen, die tatsächlich begrenzt ist. Wenn ein Blinder, dem man zum Essen nur eine Gabel gibt, den Braten findet, die Suppe aber nicht – sagt das etwas über die Nahrhaftigkeit der Suppe aus?

Geist und Seele gehören also dazu, auch wenn wir sie noch nicht gefunden haben. Die Materie dagegen kennen wir recht gut und wissen, dass sie ähnlich aufgebaut ist wie der Weltraum. Kleine Teilchen kreisen umeinander, und dazwischen ist viel Platz. Bis wir es besser wissen, müssen wir davon ausgehen, dass Geist und Seele in den Zwischenräumen wohnen.

# 6. Alles Leben ist in Kreisen

Alles Leben ist in Kreisen. Das haben die Indianer gesagt, und sie haben es zu einer Zeit gesagt, als die späteren Mondflieger noch nicht ahnten, dass sowohl im Himmel wie auf Erden, im Kleinen wie im Großen, sich alles in Kreisen bewegt, im Atom wie im Sonnensystem. Und von Kybernetik hat man damals erst recht keine Ahnung gehabt. Aber die Indianer haben auch gesagt, dass der weiße Mann zwar den Abstand zum Mond auf den Meter genau bestimmen kann, aber niemals kann er eins mit ihm sein. Wahrscheinlich hätte kein Indianer je auf den Mond fliegen wollen. Vielleicht hätte er es einfach nicht nötig gehabt.

Alles Leben ist in Kreisen. Wie einfach, ein profundes Naturgesetz auszudrücken, dem wir uns nach Jahrhunderte langer Forschung allmählich nähern. Und wie anders die Haltung zu Leben und Umwelt, wenn das zum Allgemeinwissen gehört. Kant und Leibniz haben zwar richtig erkannt, dass in der Natur die Gerade nicht vorkommt. »Alles Gerade ist vom Teufel«, hat einer der beiden postuliert. Dass Gott sich in Kreisen manifestiert, ist eine umfassendere Aussage.

Alles Leben ist in Kreisen. Manche werden Ellipsen genannt, eigentlich alle werden durch übergeordnete Bewegungen zu Spiralen verformt und viele sind nur ideell. Die Kybernetik ist eine Wissenschaft, die sich mit solchen ideellen Kreisen beschäftigt. Die Kybernetik setzt sich mit den Zusammenhängen auseinander, mit der Vernetzung, die man sich am besten kreisförmig vorstellt. Der Hase frisst das Gras, wir verspeisen den Hasen, und wo wir uns entleert haben, wächst hinterher der Rasen – für den nächsten Hasen. Das ist ganz kurz und sehr grob ein kybernetischer Kreis, der sich schließt. Ideell ist nur die Kreisform, die Verbindung ist real. Tatsächlich besteht jede Zelle unseres Körpers aus etwas, was wir zu uns genommen haben. Zu uns genommen heißt, dass wir es aus der Umwelt herausgenommen haben, um es uns einzuverleiben. Und alles, was überbleibt, geben wir wieder zurück in die Umwelt, die es sich ihrerseits einverleibt. Zum Schluss bleibt der ganze Mensch übrig und wird von der Umwelt zurückgenommen. Das ist doch eine sehr konkrete und sehr direkte Vernetzung. Unser Leben besteht daraus, dass die Erde durch uns hindurchwandert und wir durch die Erde. Inniger kann eine Verbindung nicht sein.

Auch wir haben das einmal gewusst. »Staub bist du und zu Staub sollst du werden.« Aber die Indianer haben es nie vergessen. Und deshalb ist die Erde für einen Indianer eine ebenso reale Mutter wie die Frau, die ihn geboren hat. Wer darüber lächelt, täuscht sich. Es beschreibt die Realität viel besser, als die Vorstellung vom großen, toten Stein, auf dem wir wohnen. Kein Mensch würde radioaktive Abfälle in seine Mutter kippen. Und niemand möchte die Abwässer der Chemiewerke trinken. Die Indianer haben nie vergessen, dass wir sie früher oder später doch trinken müssen – weil alles Leben in Kreisen ist. Alles ist mit allem verbunden und nichts kann den Kreisläufen entkommen. Wie viel mehr die Erde unsere Mutter ist als etwa irgendein Bauxitvorkommen, werden wir notgedrungen zu begreifen haben. Unter Schmerzen werden wir es lernen, dass alles Leben tatsächlich in Kreisen ist. Der Mensch braucht Sauerstoff und gibt Kohlendioxyd ab, der Baum verbraucht Kohlendioxyd und produziert Sauerstoff. Auch eine innige Verbindung, so innig, dass man sie ebenso gut Abhängigkeit nennen könnte. Auch etwas, was wir bald begreifen werden. Hilfreich ist es, sich den Menschen als den Schnittpunkt einer großen Zahl verschiedener Kreisbahnen vorzustellen.

Alles Leben ist in Kreisen. Und was ist es, was den Kreis auszeichnet? Am besten lassen wir die Indianer noch einmal zu Wort kommen: »Es liegt viel Kraft im Kreis – die Vögel wissen das, darum fliegen sie in Kreisen und bauen ihre Nester in dieser Form. Der Fuchs weiß es auch, denn er lebt in einer runden Erdhöhle.« Der Vorsprung der indianischen Kultur zeigt sich in der Tatsache, dass ihre Wissenschaftler auch Poeten waren. So kommt es, dass sie physikalische Erkenntnisse in wunderschöne Bilder packen können. Dass viel Kraft im Kreis liegt, ist auf jeden Fall richtig. Jede Kuppel beweist es, jedes Rohr, jedes Ei und jeder Strohhalm. Dass es die Vögel auf eine schönere Art und Weise zu beweisen scheinen, zählt für einen Physiker nicht.

Auf jeden Fall bewirkt die Kreisform eine außerordentliche Stabilität. Und diese Stabilität beruht auf der absoluten Gleichwertigkeit aller Punkte im Kreis. Je deformierter die Kreisform eines Querschnitts ist, desto geringer ist seine Festigkeit. Und selbst die Füchse wissen es. Aber wir haben es vergessen und glauben es erst wieder, wenn es uns bewiesen wird. Wir wissen es auch – deshalb baut jedes Kind seinen Schneeball so rund, wie es kann, und selbst unsere Hände scheinen es zu wissen, weil sie nichts leichter formen können, als einen Schneeball. Dass dieses direkte Wissen gar nichts zählt, im wissenschaftlichen Sinne, beraubt unsere Wissenschaft der wichtigsten und größten Erkenntnisquelle, die wir besitzen, und erklärt deren Unfähigkeit, sich dem Leben und seinen Wundern zu nähern.

Das Leben aber ist in Kreisen, weil sie so stabil sind und so ausgeglichen. Von der Schönheit wollen wir hier gar nicht erst anfangen, wohl aber eine weitere Ausserordentlichkeit des Kreises hervorheben: Er hat keinen Anfang und kein Ende. Wie sollte er auch, wenn alle Punkte gleichwertig sind. Wohl aber besitzt jeder Punkt einen genau definierten Gegenpunkt. Gegenüber von ganz oben ist ganz unten, gegenüber von rechts ist links, und wenn Sie auf einem Karussell sitzen, sehen Sie auf der einen Seite genau das, was Sie auf der anderen nicht sehen konnten. Wenn Menschen im Kreis zusammensitzen, hat jeder alle im Auge und alle zusammen sehen alles. Die Indianer, die ja vieles nicht vergessen hatten, haben sich deshalb »im kreisförmigen Bund« des Stammes organisiert, und zwar sehr bewusst. Für das Einzelwesen hatte das den Vorteil absoluter Gleichwertigkeit und den, sich aussuchen zu können, ob man Punkt oder Gegenpunkt sein möchte. Das Dreieck, das unsere Organisationsform der sozialen Pyramide darstellt, ist neben der Geraden, die wir so lieben, das krasseste Gegenteil des Kreises. Unten viele, die plattgedrückt werden, und oben einer mit gutem Rundblick. Natürlicher ist ganz gewiss der »kreisförmige Bund«, und damit artgerechter, das heißt lebensgerechter, lebenswerter, lebendiger. Denn in Kreisen ist das Leben.

Das Wasser, die wohl auffälligste Manifestation des Lebens, die wir kennen, scheint es sowieso zu wissen. Theodor Schwenk beginnt sein Buch *Das sensible Chaos* mit einem Kapitel über »Urbewegungen des Wassers«, dessen erster Absatz lautet: »Wo immer das Wasser auftritt, zeigt es das Bestreben, in die Kugelform zu gehen. Es hüllt die ganze Erde als sphärischen Weltenkörper ein und umgibt auch jeden Gegenstand mit einer dünnen Hülle. Als Tropfen fallend, schwingt das Wasser um die Form der Kugel, oder als Tau in einer klaren Sternennacht abgeschieden, verwandelt es ein - unscheinbares Wiesenstück in einen Sternenhimmel funkelnder Wassersphären«. Lesen Sie das Buch und Sie werden verstehen, dass die besseren Wissenschaftler immer Poeten sein müssen.

Falls Sie nicht glauben mögen, dass Wasser eine Manifestation des Lebens ist, dann sollten Sie einmal einen Eimer Wasser in der Wüste ausschütten. Genauso gut könnten Sie versuchen, ein paar Tage lang nichts zu trinken. Alles, was wir wissenschaftlich als lebendig anerkennen, besteht zum größten Teil aus Wasser. Sie selbst zum Beispiel zu 70 Prozent, etwas mehr, wenn Sie sehr jung sind, und etwas weniger, wenn Sie sehr alt sein sollten. Eine Qualle bringt es auf stolze 99 Prozent, und selbst ein alter, knorriger Eichbaum ist nicht viel trockener als wir.

Und das Wasser sucht die Kugelform. Die Kugel ist der Kreis in drei Dimensionen. Jeder Querschnitt ei-

45

ner Kugel ist ein Kreis. Und wo das Wasser keine Kugel bilden kann, versucht es, einen Kreis zu schließen. Der Fluss, so man ihn lässt, sucht seinen Lauf sich in Mäandern. Das ist der Kompromiss aus Kreisen und bergab. Heutzutage allerdings lässt man den Fluss nur noch selten seinen freien Lauf sich suchen. Normalerweise wird er kanalisiert oder begradigt, weil unsere Kultur die Gerade vergöttert. Dabei ist diese des Teufels, und alles Leben ist in Kreisen.

Natürlich sind die Flüsse nicht das einzige, was kanalisiert wird. Angestrebt ist auch der »gerade Mensch«, und die Erziehung ist eine andere Art von - Kanalisierung. Den Raum können wir noch nicht begradigen – zum Glück. Aber wir können ihn gradlinig - betrachten. Die Idee vom Urknall ist zum Beispiel das Resultat einer total geradlinigen Betrachtungsweise. Gut, das Weltall dehnt sich aus. Aber deshalb zu denken, dass es sich 15 Milliarden Jahre lang absolut gleichmäßig ausgedehnt hat, ist eigentlich erschreckend blöd. Es ist schon blöd genug, sich 15 Milliarden Jahre als eine - endlos lange Gerade mit zahllosen kleinen Sekundenstrichlein vorzustellen. Auch die Zeit fließt in Mäandern. Und selbst Gedanken haben mehr Kraft, wenn man sie kreisen lässt, statt nur geradeaus zu denken. Ebenso sieht man mehr, wenn man rundum blickt, als wenn man auf einen Punkt starrt. Alles Leben ist in Kreisen. Aber wenn wir uns nur einen Kreis vorstellen, ist das immer noch zu gradlinig, zu einfach. Vorstellen muss man sich eine beachtliche Zahl kleiner und großer Kreise, die sich alle überschneiden. Ein locker gewickeltes Wollknäuel ist vielleicht ein brauchbares Bild. Und auch das

Reiskorn, das auf seinem Kreise durch uns durchgeht, ist selbst Resultat einer Vielzahl verflochtener kybernetischer Kreise. Wenn Ihnen das sehr kompliziert erscheint, versuchen Sie doch mal, sich die scheinbar simple Bahn des Mondes wirklich vorzustellen; er kreist um die Erde, die um die Sonne kreist, die in der Galaxis kreist, die im Raum kreist. Wahrscheinlich kreist sogar der Raum, ohne dass wir die geringste Ahnung haben, um was er kreisen könnte. Dabei kreisen wir mit, ob wir wollen oder nicht. Und wenn es so ist, dann sollten wir es einsehen.

# 7. Über Grenzen

Betrachten wir das kleine Reiskorn, das wir gerade schon mal angeknabbert haben, einmal genauer, und vor allem das kurze Stück seiner Bahn, das durch uns hindurchgeht. Da liegt es also vor uns - schneeweiß und weichgekocht. Ähnlich wie wir selbst ist es das Ergebnis eines unerforschten Entschlusses, aus einem Keim, viel Wasser und einer Menge Mineralstoffe etwas anderes entstehen zu lassen als die Summe aus Keim, Wasser und Mineralien. In diesem Falle eine Pflanze, deren wichtigstes Anliegen das Hervorbringen neuer Keime ist. Einen davon stecken wir uns gerade samt seiner nahrhaften Verpackung in den Mund. Die Zähne brauchen wir kaum für das weichgekochte Bisschen, und mit Zunge und Speichel haben wir es leicht zu einem Brei verarbeitet, der nun in die Speiseröhre wandert. Aber schon im Mundraum sind kleine Partikelchen des Reiskorns zu uns übergesprungen, um uns einiges über Geschmack und Nahrhaftigkeit der zu uns genommenen Nahrung mitzuteilen. Wenn der Rest im Magen ankommt, existiert das Reiskorn als solches nicht mehr. In seine Einzelteile zerlegt, ist es nicht mehr wiederzuerkennen. Und ein großer Teil dieser Einzelteile wird flugs in unseren Körper eingebaut, um in einer Muskelzelle oder einem Nervenstrang im Gehirn zu funktionieren. Was übrig bleibt, wandert langsam darmabwärts, um dann durch eine der dafür vorgesehenen Öffnungen ausgeschieden zu werden. Andere kleine Lebewesen stürzen sich darauf, um es durch ihren Körper weiterwandern zu lassen, und nach wenigen Durchläufen haben wir den schönsten Mutterboden, aus dem dann im besten Falle wieder eine Reispflanze hervorsprießt.

Es ist klar, dass das Korn irgendwann ein Korn ist, irgendwann ein Teil unseres Körpers und irgendwann ein Schiss im Gebüsch. Aber wer kann jetzt sagen, wo der Schiss anfängt und wo der Mensch aufhört? Ist das braune Zeugs im Enddarm noch Mensch oder ist es schon Umwelt? Wo ist die Grenze? Beim Austritt, im freien Fall, beim Aufklatschen, wenn die menschliche Wärme verdampft ist oder erst, wenn der erste Wurm sich seinen Teil einverleibt hat? Die Antwort führt die Frage ad absurdum. Es gibt keine Grenzen! Die Natur ist grenzenlos. Es gibt fließende Übergänge, und es gibt Grenzbereiche in ständiger Bewegung. Feste und starre Grenzen sind genauso unnatürlich wie die Gerade.

Natürlich ist das Meer das Meer und der Himmel der Himmel, aber niemand kann einen festen Punkt bestimmen, wo das eine aufhört und das andere anfängt. Wo gerade noch Luft war, kann jetzt schon Wasser sein und umgekehrt. Je genauer wir uns die Übergangszone anschauen, desto klarer werden wir erkennen, dass es einen Bereich gibt, den sich Meer und Himmel streitig machen. Richtiger muss man sagen, dass sie ihn sich teilen. Was wir im Allgemeinen als Grenze ansehen, weil wir vor allem nach der Trennung suchen, kann man ebenso gut als den Bereich der Verbindung betrachten. Was wir Wasseroberfläche nennen, ist in Wirklichkeit die

Schweißnaht zwischen Meer und Himmel. Nirgends sind sie mehr vereint, nirgends inniger Eines.

Was wir normalerweise Lunge nennen, ist genauso gut ein Teil der Atmosphäre, und diejenigen, die sie seinerzeit so genannt haben, haben noch gewusst, dass sie bis in uns hineinreicht. Wenn es aber in uns hineinreicht und wir in es hinaus, warum können wir es dann nicht als Teil von uns erkennen? Warum fahren wir fort, es als andersartig zu sehen, als etwas, was es allenfalls zu »erobern« gilt?

Nur der Unwissende sieht als Vielheit, was in Wirklichkeit ein Einziges ist. Das hat natürlich ein Indianer gesagt und selbstverständlich hat er recht. Es bringt uns nicht weit, Dinge, die untrennbar miteinander verbunden sind, getrennt zu betrachten. Nichts wird man vom Wesen des Schmetterlings begreifen, ohne die Luft um ihn herum mit zu betrachten. Und wenn man umgekehrt etwas über die Luft wissen möchte, ist es hilfreich, den Schmetterling zu beobachten. Genauso verhält es sich mit Mensch und Raum. Verstehen kann man beide nur, wenn man sie zusammen betrachtet. Es ist mehr: Sie gehören zusammen. Gäbe es eine Grenze zwischen uns und dem Raum, könnten wir nicht existieren.

Ein Grundstein unseres eigenen Lebens ist schon mal die Wärme der Sonne, und wir sollten froh sein, dass uns nichts von ihr trennt. Ein Teil der Sonne ist in uns, und so sind wir ein kleiner Teil der Sonne, ein Ausläufer, ein winziges Fingerchen. Und auch der Mond reicht bis in uns hinein, was die Frauen drastischer begreifen als die Männer. Angeblich balancieren wir auch mit Venus und Mars und Jupiter und Saturn und den

anderen Planeten. Das behaupten auf jeden Fall die Ast-
rologen. Und die Astrophysiker müssen ihnen recht geben. Der Einflussbereich eines Himmelskörpers hat keine
Grenzen, so dass jeder jeden beeinflusst. Und Himmelskörper sind auch wir – auf jeden Fall. (Falls Sie mittlerweile vergessen haben sollten, dass Sie in Wirklichkeit
mit hoher Geschwindigkeit durch den Kosmos sausen,
dann sollten Sie auf Seite 29 zurückblättern und von da
aus weiterlesen.)

Nach allen Seiten offen und mit allem verbunden,
das ist unsere Situation im Raum. Auch die Woge der
Gammastrahlen von Hiroshima saust nach allen Richtungen immer weiter ins All. »Der Schrei einer abgerissenen
Blume wird bis in den entferntesten Winkel des Weltalls
gehört« – hat das ein Inder gesagt, ein Indianer oder
Goethe? Es gibt also keine Grenzen, es gibt nur Verbindungen. Grenzen sind eine Erfindung imperialistischer
Machthaber, eine Fiktion. Wir sind genau besehen ein
gutes Stück Erde, wozu reichlich Wasser und etwas ver-
borgenes Feuer gehören; dazu gut Sonne und eine letztlich nicht ganz erforschte Lebenskraft, die bis vor kurzem
fast überall der Einfachheit halber Gottes Wille genannt
wurde. Aber die wenigsten haben begriffen, dass sie
tatsächlich Erde sind. Gewesen sind, sind, und immer
sein werden. Dann Sonne, dann Mond und dann Sterne.
Das ist kein esoterischer Pipifax, sondern eine schlichte
Grundwahrheit, die sogar in der Bibel ganz vorne vorkommt – Staub bist du. Wir sind Erde, Sonne, Mond und
Sterne, und gäbe es eine Grenze, könnten wir nicht sein.
(Sagen Sie jetzt bitte laut: »ICH bin Erde, Sonne, Mond
und Sterne". Wenn Sie rot werden oder sich albern vor-

kommen, sollten Sie das Buch einer Freundin schenken oder auf Seite 24 zurückblättern und von da aus weiterlesen.)

Wir gehören also zusammen, Mensch und Erde und Sonne und Weltraum. Zusammengehören ist nicht das gleiche wie abhängig sein. Natürlich sind wir abhängig, aber dass wir auch zusammengehören, ist mehr. Die Abhängigkeit ist wechselseitig. Das Kleine beeinflusst genauso gut das Große. Brauchen wir die roten Blutkörperchen oder brauchen die uns? Reguliert der Fluss die Biber oder regulieren die Biber den Fluss? Es ist anzunehmen, dass die Sonne jeden einzelnen Menschen mit der gleichen Kraft liebt, die ein einzelner Mensch in seiner Liebe zur Sonne fühlt. Dass wir die Sonne lieben, versteht sich von selbst – wir tragen sie ja in uns.

Fassen wir es noch einmal klar zusammen: Wenn wir die nicht gänzlich erforschte Lebenskraft oder Gottes Willen außer acht lassen, sind wir Erde und Sonne. Die Hitze der Sonne brennt IN uns, und unser Körper ist eine der vielen kapriziösen Erscheinungsformen, die das Erdreich in seinen Kreisen hervorzubringen beliebt.

Es gibt da eine alte und weithin bekannte Geschichte von einem höheren Wesen, das aus einem Klumpen Lehm ganz erstaunliche Sachen machen konnte. So abwegig ist die Story gar nicht, und deshalb bleiben wir noch ein wenig bei diesem Bild. Als Schöpfer nehmen wir einen Sechsjährigen, damit das Ganze ein bisschen handfester wird und besser vorstellbar. Der Klumpen Lehm wird aus den gleichen Gründen durch Plastilin ersetzt. Da sitzt er also, der kleine Schöpfer, und formt. Zuerst formt er einen Mann, aber der gelingt ihm eigentlich nicht ganz zu seiner Zufriedenheit, also versucht er es mal mit was Einfachem: einer Schlange. Wieder zupft er etwas Knete aus dem großen Plastilinklumpen und macht weiter: Einen Apfel, einen Pilz und ein Flugzeug, das er aber nicht fertig kriegt, weil nun Mutter die Szene betritt, energisch in die Hände klatscht und entschlossen das Plastilin des Knaben wegräumt.

Haben Sie es gemerkt? Wir sind gerade an einer entscheidenden Stelle dieses Büchleins, einer Schlüsselszene. Das Kind sieht ganz deutlich, wie Mutters Hände Mann, Schlange, Apfel und Pilz in das Regal stellen. Die Kreuzwurst, die ein Flugzeug werden sollte, drückt sie nach kurzem Überlegen in den großen Plastilinball zurück und legt ihn dann dazu. Die Mutter hat schon so viele Männer, Schweine, Schafe, Fahrräder und Kräne weggeräumt, dass sie gar nicht mehr richtig hinguckt. Sie stellt nur das Plastilinspielzeug des Buben weg. Die Mutter sieht als Einheit, was das Kind als Vielheit sieht. Beide haben recht. Wenn wir jetzt den Buben wieder durch Gott ersetzen oder für die Ungläubigen durch »NIGERLE«, (NIcht Ganz ERforschte LEbenskraft) und statt Plastilin wieder Lehm nehmen, dann stehen wir vor unserer realen Situation im Raum. Bis vor gar nicht allzu langer Zeit und in allen Kulturen, die wir Menschen hervorgebracht haben, war die Sichtweise der Mutter genauso selbstverständlich wie die des Kindes. Immer haben alle Menschen gewusst, dass alles zusammengehört, dass alles zusammen eine Einheit ist, die vielerlei Formen annimmt. Wir sind die ersten, die es vergessen haben. Verdrängt? Verloren? Verscherzt? Alles ist Eins. Es war immer klar und es ist heute noch genauso wahr. Höchste

Zeit, dass wir es uns wieder klarmachen. Wenn es doch nun mal so ist! Wir sind aus demselben Plastilin wie Sonne, Mond und Sterne, und zusammen sind wir der Kneteklumpen oder die Schöpfung oder das All. Alles gehört zusammen, ist miteinander verbunden, ist Eins, und es gibt keine Grenzen.

# 8. Selbstähnlichkeit

Wenn Sie am Fuß eines Berges einen Stein aufheben und ihn aufmerksam betrachten, sind Ihre Chancen ziemlich groß, in dem kleinen Bruchstück den ganzen Berg wieder zu erkennen. Dass es farblich dem Herkunftsort gleicht, ist noch am wenigsten erstaunlich. Auch die Zusammensetzung ist logischerweise die gleiche. Dass aber auch die Form des Kleinen der Form des Großen ähnelt, ist so selbstverständlich nicht. Ist jedoch der Stein porös, dann hat der Berg wahrscheinlich Höhlen; ist der Berg schroff und schartig, dann ist auch der Stein nicht glatt und rund.

Einen guten Teil Ihrer sonntäglichen Wanderung zum Gipfel könnten Sie auch am Fuße des Berges im Sitzen hinter sich bringen. Nötig sind dazu nur viel Geduld und etwas Einfühlungsvermögen. Eine Lupe ist hilfreich. Wenn Sie es vorziehen und erwachsen sind sowie geistig und körperlich gesund, können Sie statt der Lupe auch einen Trip nehmen. Es ist möglich, dass Sie dem Stein noch näher kommen. So oder so werden Sie feststellen, dass der Berg im Großen wiederholt, was der Stein im Kleinen zeigt. Das ist keineswegs etwas Besonderes in der Natur. Viele Organismen wachsen, indem sie ein relativ einfaches Grundmuster immerzu wiederholen. So kommt es, dass der Ast strukturiert ist wie der Zweig und der Zweig wie die Blattnerven.

Nehmen wir ein anderes Beispiel. Nehmen wir einen Küstenstreifen. Egal welchen Maßstab wir wählen, wir werden immer mehr oder weniger das gleiche sehen. Da mit jedem größeren Maßstab auch kleinere Ein- und Ausbuchtungen hervortreten, ist die wahre Länge eines Küstenstreifens schwer anzugeben. Je genauer die Darstellung, desto länger wird die Küste. Da uns niemand hindern kann, extrem große Maßstäbe zu verwenden, ist die Küste im Prinzip unendlich lang. Das hat der Mathematiker Benoit Mandelbrot bewiesen. Diesem Zeitgenossen verdanken wir noch ein paar mehr aufregende Erkenntnisse über unser Thema. Vor zwanzig Jahren fand Herr Mandelbrot beim Spielen mit seinen Zahlen heraus, dass die bildliche Darstellung bestimmter Zahlen, die man durch rückgekoppelte Gleichungen findet, verblüffend natürliche Formen hervor bringt, die ebenfalls selbstähnlich sind. Bei jeder Vergrößerung tauchen die gleichen Formen auf wie in allen anderen Maßstäben. Weil Benoit Mandelbrot diesen Formen gebrochene Dimensionen zuordnete, nannte er sie Fraktale. Und ihm zu Ehren bezeichnet man heute die entsprechenden Zahlen als »Mandelbrot-Menge«. Im Gegensatz zu den glatten, euklidischen Idealkörpern wie Kugel und Würfel haben Fraktale unendlich raue Oberflächen und Ränder. Jede Vergrößerung zeigt neue Strukturen. In der Natur ist das der Regelfall. Ideale Körper kommen genauso wenig vor wie die Gerade.

Im Rechner erreicht man diesen Vorgang, indem man das Ergebnis einer Rechenvorschrift immer wieder mit dieser Rechenvorschrift füttert. In der Natur ist es wohl ähnlich. Das Ergebnis eines Wachstumsprozesses wird immer wieder mit den gleichen Umweltbedingungen und Naturgesetzen konfrontiert, und so entsteht immer wieder ähnliches, egal wie weit das Wachstum fortgeschritten ist. Die Natur ist oft selbstähnlich. Es wird sogar vom selbstähnlichen Universum gesprochen. Auf der atomaren Ebene ist das sofort einleuchtend. Alles, was wir kennen, setzt sich aus kleinen Teilchen zusammen, die sich überall an die gleichen Gesetze zu halten haben. Und überall fügen sich kleinste Teilchen zu kleinen Einheiten zusammen, kleine Einheiten schließen sich zu größeren zusammen, diese zu großen und diese wiederum zu ganz großen, die wir dann Pflanze, Tier oder Mensch nennen. Dann gestehen wir ihnen Leben und im Einzelfall sogar Intelligenz zu.

Aber wo ist der große Unterschied zwischen einem Menschen und einer Galaxis, wenn sie doch beide aus den gleichen Bausteinen bestehen? Was außer der Dimension unterscheidet ein Atom von einem Sonnensystem? Der Entwurf ist im Prinzip der gleiche.

Wichtig ist dabei, dass mit jedem Schritt ein neues Ganzes entsteht. Das Atom ist eine eigenständige Einheit, aber das Molekül, zu dem sich mehrere Atome zusammenschließen, ist eine neue Einheit mit ganz anderen Qualitäten. So geht es ewig weiter: Zellen, Organe, Menschen, Familien, Völker, Kontinente, Planeten, Sonnensysteme, Galaxien, Galaxienhaufen und das All. Jedesmal ein neues Ganzes auf einer höheren Ebene. Auf einer höheren Ebene, weil jedesmal etwas dazukommt, was aus dem Ganzen mehr macht als die Summe seiner Teile. Dennoch bleibt es sich ähnlich. Ein Atomkern, den man $10^{12}$ mal vergrößert, sieht genauso aus wie eine Galaxis $10^{-23}$ mal verkleinert. Unseren Sinnen zugänglich ist nur der mittlere Bereich, in dem wir unsere Umwelt tatsächlich wahrnehmen – ohne Vergrößerungen und Verkleinerungen.

Das schöne Buch *Zehn hoch* zeigt uns eine Reise durch die Dimensionen in 42 Bildern, wobei jedes Bild das Zentrum des vorangegangenen in zehnfacher Vergrößerung näherbringt. Am Anfang bedeutet die Kantenlänge des Bildes eine Strecke von einer Milliarde Lichtjahren, und wir sehen einen guten Teil des uns bekannten Raums. Drei Bilder weiter sind es zehn Millionen Lichtjahre und wir haben einen leuchtenden Punkt in der Mitte: unsere Galaxis. Acht Seiten weiter (nur noch ein Zehntel Lichtjahr) haben wir wieder einen leuchtenden Mittelpunkt, diesmal unsere Sonne. Sechs Seiten danach (1 Million Kilometer) ist der Punkt in der Mitte die Erde und leuchtet dementsprechend nicht. Noch sechs Sprünge weiter sind wir bei einem Kilometer Kantenlänge, und für unsere Augen wird es wesentlich abwechslungsreicher, weil Dinge auftauchen, die zu sehen wir gewohnt sind: Häuser, Autos, Schiffe. Auf dem nächsten Bild erscheint in der Ferne ein kleiner Mensch, der schon zwei Schritte weiter, bei einem Meter Kantenlänge, das Bild sprengt. Aber dann folgen nur noch zwei erkennbare Vergrößerungen, und spätestens beim dritten Schritt, der nur noch einen Quadratmillimeter zeigt, ist unsere Sichtweise überfordert, und wir stehen vor bizarren Landschaften, ohne uns selbst darin wiederzuerkennen. Nach den Landschaften folgt auch im Mikrobereich der Raum, und beim neunten Zehnersprung unter dem Mil limeter (Picometer) haben wir noch einmal einen schönen Mittelpunkt, diesmal den Atomkern.

*Zehn hoch* ist wirklich ein bemerkenswertes Buch, und Sie finden Darin alle Abbildungen, die Sie vielleicht zu diesem Text vermissen. Wir wollen aber im Moment nur festhalten, dass einzelne Bilder große Ähnlichkeit mit anderen haben, obwohl sie in ganz verschiedenen Größenordnungen angesiedelt sind und deshalb ebenso Unterschiedliches zeigen. Dabei zeigen sie alle im Prinzip das gleiche, nämlich einen Menschen auf einer Wiese, der schon beim ersten Bild im Zentrum ist, allerdings so klein, dass man ihn erst viel später bemerkt. Wenn man ihn schließlich beim letzten Bild fast schon wieder vergessen hat, müsste man ihn sich als Raum vorstellen, der das Bild umgibt, so groß, dass er einen guten Teil unserer realen Galaxis füllen würde, wollte man ihn im Maßstab der letzten Abbildung darstellen.

Und immer wieder ist er sich selbst dabei ähnlich – daher der Begriff Selbstähnlichkeit. Aber eigentlich geht es viel weiter, eigentlich müsste man von weitgehender Identität sprechen.

Natürlich bezieht sich der Begriff der Selbstähnlichkeit auf rein äußerliche Ähnlichkeit. Die inneren Ähnlichkeiten bleiben der herkömmlichen Forschung verborgen. Allein die Frage danach dürfte bei vielen unserer Wissenschaftler nichts als ein mitleidig spöttisches Grinsen hervorrufen. Dabei liegt der Schluss, dass äußerlich Ähnliches auch innerlich ähnlich ist, genau so nahe wie der gegenteilige Schluss. Die Vorstellung, dass auch größere kosmische Einheiten als der Mensch denken und fühlen können, ist keinesfalls dümmer als die landläufig verbreitete, dass die Sonne nur ein Gasball ist – taub und dumm. Unter dem Mikroskop ist der Mensch nur ein Fleischklumpen. Wissenschaftlich bewiesen ist weder, dass der Mensch eine Seele hat, noch dass die Erde keine hat. Wir wissen nicht, was die Atome dazu bringt, sich zu Elfriede zusammenzuballen, aber das Resultat ermöglicht es Elfriede, sich einigermaßen intelligent zu verhalten. Wir wissen auch nicht, was die Sonnen dazu bringt, sich zu einer Galaxis zusammenzuballen. Wissen wir, ob das sinnvoll ist? Und wenn es bei uns sinnvoll ist, warum sollte es dort sinnlos sein? Die Ähnlichkeit geht über das Physische hinaus, was nicht darüber hinausgeht, ist die moderne Forschung.

# 9. Leben

Alles Leben, wie wir es kennen, ist zusammenge-
setztes Leben. Der Mensch, um ein naheliegendes und
beliebtes Beispiel zu nehmen, ist ein Zusammenschluss
von 10 Billionen Zellen. Aber jede dieser Zellen hat ihr
eigenes Leben, ihren eigenen Existenzkampf, und jede
dieser Zellen produziert ihre eigenen Nachfolger. Und
außerdem besteht jede dieser Zellen wiederum aus lebendigen Bausteinen. Vor allen Dingen Enzyme, Proteine
und Nukleinsäuren schaffen fleißig im Inneren der Zelle
in unterschiedlichen und genau definierten Aufgabenbe-
reichen. Dabei vollbringen sie erstaunliche Leistungen,
und zwar so perfekt, dass wir es im Allgemeinen gar
nicht zur Kenntnis nehmen. Wir essen einfach ein safti-
ges Steak und freuen uns über die frische Kraft, die wir
spüren. Für die Enzyme ist das voller Arbeitseinsatz. Natürlich bestehen auch Enzyme aus Bausteinen, und zwar
aus Molekülen, zu denen sich ihrerseits ein paar Atome
zusammengefunden haben. Und dass ein Atom ähnlich
aufgebaut ist wie ein Sonnensystem, hatten wir bereits.
Selbst der Atomkern besteht aus Bausteinen, die sinnigerweise Quarks genannt werden. Irgendwann werden
wir erkennen, woraus Quarks bestehen. Trotzdem werden wir der Frage nach Grund und Ursprung des Lebens
höchstens graduell näher gekommen sein.

Die Kraft, die dafür sorgt, dass sich 10 Billionen
Zellen unter einem Dach zusammenfinden, das dann

Otto genannt wird, haben wir genauso wenig entdeckt wie die Kraft, die eine ähnlich beachtliche Menge Moleküle dazu bringt, sich wie eine Zelle zu verhalten. Aber es ist nicht unwahrscheinlich, dass es die gleiche Kraft ist. Und wer sagt den Quarks, wie man eine Bande bildet, einen Haufen Elektronen um sich schart und sich hinterher Kohlenstoffatom nennen darf? Ist es der gleiche Befehl, der die Sonnen zusammenhält, damit sie Galaxien bilden?

Obwohl aber das Verhaltensmuster ähnlich ist vom Kleinsten bis zum Größten, nennen wir nur das lebendig, was sich halbwegs in der unseren Sinnen vertrauten Größenordnung bewegt. Das zu große und das zu kleine werden als unbeseelt betrachtet.

Wie aber kann ein Atom tot sein, wenn mehrere Atome zusammen lebendig sind? Wenn das Leben nicht schon in den Atomen ist, drängt sich doch die Frage auf, wann, wie und aus welchem Grunde es plötzlich auftaucht.

Es gibt einen relativ einfachen Versuch. In einem Glasballon werden einfache Gase, die überall im Weltall vorhanden sind – zum Beispiel Wasserstoff, Sauerstoff, Ammoniak und Methan – ultraviolettem Licht ausgesetzt oder mit Zündfunken gereizt. Sehr schnell tönt sich das anfangs transparente Gemisch, und es setzt sich mehr und mehr teerähnliche Substanz ab, die reich an organischen Substanzen ist und schon die Bausteine für Proteine und Nukleinsäuren vorweist. Wie kam das Leben in den Kolben, wenn nicht mit den Gasen?

Und wie kommt das Leben in den Menschen, wenn nicht mit Luft, Wasser und Nahrung? Wir nennen tot, was wir zu uns nehmen, und tot, was wir ausscheiden – nur dazwischen nennen wir es lebendig. Es ist doch absurd, dass ein Kohlenstoffatom eine Ewigkeit tot sein soll, in uns kurz zum Leben erwacht, um danach eine weitere Ewigkeit tot zu sein. Das Kohlenstoffatom verhält sich die ganze Zeit wie ein Kohlenstoffatom – und wenn Sie glauben, dass das gar nichts ist, dann irren Sie. Es ist eine beachtliche Leistung, durchaus vergleichbar mit der, ein Mensch zu sein. Vergleichbar insofern, als beide das ihre tun und keiner es sich ausgesucht hat. Schließlich ist es nicht unsere Leistung, wenn wir ein starkes Herz und gute Augen haben. Und wahrscheinlich gibt es auch unter den Kohlenstoffatomen starke und schwache, dumme und schlaue, Leithammel und Mitläufer. Wir können überhaupt nicht beurteilen, ob ein Atomkern mit seiner Elektronenwolke genauso viel Stress hat wie eine Mutter mit ihren Blagen. Wir ziehen eine Grenze, weil wir zu dumm sind, darüber hinauszuschauen.

Alles ist sich ähnlich, alles ist in Kreisen und alles ist Eins. Schon ein Wasserstoffatom ist eine Erscheinungsform des Lebens – und zwar unseres Lebens. Auch wenn wir kaum eine Vorstellung vom Leben eines Wasserstoffatoms haben, eins wissen wir genau: Unsere Existenz basiert auf der seinen. Tatsächlich sind wir eine erstaunliche Menge dieser Atome und noch ein paar anderer mehr.

Es scheint die Lieblingsbeschäftigung des Lebens zu sein, aus immer komplexeren Bausteinen immer komplexere Organismen wachsen zu lassen. Und wenn es schon unwahrscheinlich ist, dass das Leben selbst erst in der fünften oder achten Station zusteigt, so ist es erst recht auszuschließen, dass es später wieder abspringt. Auch noch komplexere Organismen als der Mensch sind lebendig. Aber wir müssen sie erstmal als Organismen erkennen oder besser gesagt wiedererkennen. Andere Kulturen haben es nicht vergessen, aber wir müssen es noch einmal lernen: Die Erde lebt. Wir laufen auf einem quietschlebendigen Organismus herum.

Das ist für einen Mitteleuropäer an der Schwelle zum nächsten Jahrtausend eine so ungewohnte Vorstellung, dass die meisten von uns das als albernen Quatsch abtun, bevor sie überhaupt darüber nachzudenken bereit sind. Dabei ist es viel größerer Quatsch, sich den Planeten leblos vorzustellen, wo das Leben doch aus allen seinen Ritzen sprudelt. Allein unsere Existenz ist doch schon ein einleuchtender Hinweis auf die Lebendigkeit zumindest unseres Planeten. Wie kann etwas Totes derart lebendige Geschöpfe hervorbringen?

Aber jetzt, wo wir verstanden haben, dass komplexe Organismen immer zusammengesetzte Organismen sind, können wir vielleicht das wundervolle Wesen Erde klarer sehen. In der Hierarchie des Lebens steht Mutter Erde so weit über uns, wie wir über unseren weißen Blutkörperchen stehen. Und wenn wir sehen, dass die Blutkörperchen gut für uns sind, sollten wir davon ausgehen, dass wir ebenfalls eine Funktion in diesem größeren Organismus haben, wie wahrscheinlich jede andere Art auch. Wenn im Körper des Menschen zahlreiche Miniorganismen absterben, weil andere sich über die Maßen ausbreiten, nennen wir das Krankheit. Vielleicht sind wir für die Erde eine Krankheit. Viren sind auch nur deshalb so gefährlich, weil sie die meisten Zellen überlisten können. Sie sind sozusagen schlauer, was wir ja für uns auch gerne in Anspruch nehmen. Und rücksichtslos sind Viren auch – es stört sie nicht, dass sie den Körper vernichten, in dem sie leben. Es reicht ihnen, dass immer ein paar übrigbleiben und ein neues Opfer finden. Wir Menschen spähen doch ebenso in den Weltraum, um neue Opfer zu finden, wenn wir unseren Heimatplaneten erstmal fertiggemacht und unsere Lebensgrundlage zerstört haben. Sinnigerweise, um damit das lästige Thema Krankheit abzuschließen, ist einer der Hauptgründe für das schädliche Verhalten des modernen Menschen genau darin zu suchen, dass er vergessen hat, dass er Teil eines lebendigen Organismus ist.

Beschäftigen wir uns noch ein wenig mit dem wiedergefundenen Bild der Erde, damit wir es nicht so schnell noch einmal vergessen. Es war allerdings früher einfacher zu begreifen, als die Erde noch fast überall ihren schönen Pelz hatte. Natürlich ist Großstadtpflaster nicht so lebendig wie Wiesen und Wälder. Aber wenn wir es nicht ständig sauber halten, wächst relativ schnell Gras darüber, und in ein paar tausend Jahren ist es nur noch eine auffällige Schicht bei eventuellen Ausgrabungen. Ein paar tausend Jahre sind gar nichts – für die Erde.

Und der nackte Felsen, der blanke Stein, aus dem ja das Großstadtpflaster gemacht ist – wo zeigt der sein Leben? Ein Stein ist so ziemlich das Toteste in der Vorstellung unserer Zeitgenossen, und leider ist das auch eine weitverbreitete Vorstellung von der Erde – ein großer Stein. Weit gefehlt: Der Felsen ist allenfalls die Haut der Erde, und da drunter sieht es völlig anders aus, genau wie bei Ihnen. Genau wie bei Ihnen geht es auch erst unter der Haut richtig ab. Und genau wie bei Ihnen hat die Haut vor allem die Aufgabe, das Innere zu schützen und zu halten. Wenn Sie sich ein Stückchen Haut oder gar Fingernagel abschneiden und es dann unter der Lupe betrachten – sehen Sie dann, wie lebendig Sie sind?

Die Idee vom toten Stein beruht gewiss auf seiner Bewegungslosigkeit. Aber bewegungslos ist er nur für unsere Wahrnehmung. Sowohl im kleineren als auch im größeren als dem gewohnten Maßstab bewegt er sich. Im kleineren genau wie wir. Glauben Sie nicht, dass die Elektronen im Stein ruhig in der Ecke liegen! Genau wie bei uns ist seine Form das Resultat einer unbekannten Kraft, die ein unvorstellbares Gewusel in einen bestimmten Rahmen zwingt.

Um den gewohnten Maßstab nach oben zu sprengen, müssten wir einfach ein paar hunderttausend Jahre vor ihm liegenbleiben. Dann würden wir sehen, wie er sich bewegt, der Stein, der Felsen, der Berg oder der Kontinent. Und es ist nicht so, dass andere Kräfte die starre Masse Stein hin und her schieben, nein, der Stein bewegt sich in sich, jeder Stein und jederzeit. Jetzt gerade, genau vor Ihrer Tür, aber Sie haben ja keine hunderttausend Jahre Zeit, um es sich anzuschauen. Im Prinzip sind seine Bewegungen wie die des Wassers, nur dass er vielleicht eine Million Jahre braucht, wo das Wasser einmal Schwapp macht. Aber was sind eine Million Jahre für ein Wesen, für das die gesamte Geschichte der Menschheit kaum mehr als eine Blähung ist. Fest steht, dass kein Stein auf dem gleichen bleibt, wenn man über längere Zeiträume beobachtet. Auch die Zellen Ihrer Haut erneuern sich ständig, und gerade da zeigt sich das Leben der Haut.

Dass unsere Haut durchblutet ist, verdanken wir dem Leben in uns. Dass der Berg ganz ähnlich von Wasseradern durchzogen ist, hat für die meisten von uns nichts damit zu tun. Dabei ist gerade der Kreislauf eine auffällige Gemeinsamkeit von Mensch und Planet. Natürlich hat die Erde auch so etwas wie ein Herz, aber wie bei uns liegt das tief drinnen, und wir haben es noch nicht zur Kenntnis genommen. Hände, Füße, Augen und einen Mund zum Sprechen hat die Erde dagegen offensichtlich nicht, und darum fällt es uns besonders schwer, sie als Wesen zu erkennen. Aber was wissen wir schon über ein Leben in einer höheren Dimension? Das Fliegenauge besteht aus hunderten von Einzelaugen. Vielleicht sind wir ja die Augen der Erde, und dass wir frei herumlaufen können, ist eine weitere Verbesserung in der evolutionären Entwicklung der Sicht. Die Fliege wäre auf jeden Fall noch schwieriger zu fangen, wenn ihre einzelnen Augen auch mal nach hinten wandern könnten. Aber es ist genauso gut möglich, dass die Erde gar keine Augen braucht, weil sie ihre Informationen auf andere Weise empfängt. Dass sie Informationen empfängt, ist sonnenklar. Wie sie ihre Entscheidungen umsetzt, darüber wissen wir wenig. Die Indianer haben vorausgesagt, dass sie sich schüttelt, wenn ihre Geduld am Ende ist. Nach der zunehmenden Zahl schwerer Erdbeben zu urteilen, ist es soweit. Und möglicherweise ist der sogenannte Treibhauseffekt einfach Fieber.

Lassen wir das Spiel mit den Vergleichen, denen immer wieder eine Vorstellung vom Leben zugrunde liegt, die zu sehr am Menschenleben orientiert ist. Es geht ja auch nicht um die Frage, ob sich das Leben der Erde in Blähungen und Rülpsen äußert, sondern erstmal um die einfache Feststellung, dass sie lebt. Halten wir schlicht und ergreifend fest, dass kein Grund zu der Annahme vorliegt, sie sei weniger lebendig als wir selbst. Logisch ist, dass für den Mond das gleiche gilt und für die Sonne, für ein Sonnensystem, eine Galaxis und für das ganze All. Der Raum ist ein großes Tier, lebendig bis in den hintersten Winkel und lebendig vor allem im Zwischenraum, der ihm den Namen gegeben hat. Wenn der Zwischenraum existentieller Bestandteil unseres Lebens ist, muss man ihn dazurechnen und begreifen, dass Leben auch dort ist, wo sonst gar nichts ist.

Eine Vielzahl astronomischer Phänomene und Probleme erscheint plötzlich in völlig anderem Licht. Wir brauchen keinen Big Bang mehr, um die Ausdehnung des Kosmos zu erklären, sondern nur noch einen Atemzug. Statt unsichtbarer Gummibänder (String-Theorie) haben wir die Lebenslust, und die jüngste Entdeckung, dass die Gesamtheit der Galaxien eine kokonähnliche Struktur zeigt, entlockt uns nur ein müdes Lächeln: »Was auch sonst?«

Ganz nebenbei hat der immer noch kalte, aber nun nicht mehr leere Raum seinen Schrecken für uns verloren, und wir beginnen, uns so richtig heimelig und geborgen in ihm zu fühlen, was er auch nicht anders verdient hat. Wieso sollten wir ihn weniger lieben als er uns. Beinahe hätten wir es übersehen. Wo Leben ist, ist auch Liebe – der Raum ist voll davon.

# 10. Intelligenz

Das Lexikon definiert Intelligenz als »Fähigkeit zu verstehen; Eignung, alle möglichen Arten von Problemen zu lösen«. Wenn das so einfach ist, ist die gesamte Natur hochintelligent. Weder der Flügel eines Adlers noch das Herz eines Menschen sind besonders dumme Produkte. Gerade die Fähigkeit, alle möglichen Arten von Problemen zu lösen, zeichnet jedes Lebewesen aus, schon das Moos. Genau wie der Mensch ist es das Resultat einer Reihe blendend gelöster Probleme. Die Intelligenz der Natur übertrifft überall spielend unsere intelligentesten Ingenieure. Die meisten sind wenigstens so schlau, bei der Natur abzugucken.

Die Fähigkeit zu verstehen? Was ich alles nicht verstehe, ist auf jeden Fall weit mehr als das, was ich verstehe. Bin ich jetzt dumm? Und mein Hund versteht ohne jedes Wort, dass ich einen Spaziergang zu machen gedenke. Ist mein Hund intelligent? Wirft der Baum seine Blätter etwa nicht ab, weil er verstanden hat, was Schnee wiegt?

Ein besseres Lexikon muss her. Nehmen wir die Brockhaus Enzyklopädie von 1989, Band 10. Hier erfahren wir, dass das Wort vom lateinischen »intellegere« abgeleitet ist, was soviel heißt wie verstehen, erkennen, eigentlich: zwischen etwas wählen. Und zu unserem Entsetzen erfahren wir auch gleich im ersten Absatz, dass »um die Abklärung dessen, was unter I. zu verstehen ist, die empirische Psychologie der letzten 90 Jahre sich nachdrücklich bemüht hat. Trotzdem konnte bisher noch keine allg. anerkannte Definition für I. formuliert werden«. Wenn es 90 Jahre lang nicht geklappt hat, ist ja vielleicht ganz interessant zu wissen, was die Intelligenz vor hundert Jahren über I. gedacht hat. Meyers Konversationslexikon von 1897 sagt in Band 9: »Intelligenz: Verständnis, Einsicht, Erkenntnis, besonders eine solche, welche von der sinnlichen Wahrnehmung nicht unmittelbar abhängig oder auf sie beschränkt ist, also die verständige oder vernünftige Erkenntnis; dann das Vermögen, eine solche Erkenntnis zu erwerben; endlich ein Wesen, welches mit diesem Vermögen begabt ist, also der Mensch im Gegensatz zum Tier.« Wenn wir noch einige Zeilen weiterlesen, erfahren wir zu unserem Erstaunen, dass »Intelligenzblätter ... periodisch erscheinende Blätter mit ... Geschäftsanzeigen, die schnell zur öffentlichen Kenntnis gebracht werden sollen«, sind. Und wir sehen, dass die Vorstellung von I. zeitgeistigen Einflüssen unterliegt. Meyers Enzyklopädisches Lexikon von 1980 spricht nämlich (in Band 12) ganz selbstverständlich von der Intelligenz der Tiere, bei denen »I. im Sinne von einsichtigem Verhalten zu verstehen ist, z. B. der spontane Einsatz körperfremder Gegenstände (Kisten, Stöcke)«. Man hat also dazugelernt. Das sagt auch der nächste Absatz: »Die I. hat sich als geistig-dynam. soziales Element erst mit dem aufklärerischen Fortschrittsglauben der bürgerlichen Gesellschaft entwickelt.« Wer das geschrieben hat, gehört auf jeden Fall zu eben dieser Gesellschaft. Er hat insofern recht, als er erstmals von einer sozialen oder kollektiven Intelligenz spricht im Gegensatz zur persönlichen, aber er irrt, wenn er glaubt, dass Bürger nötig waren, um die zu entwickeln. Er irrt gewaltig. Die soziale Intelligenz ist vielleicht älter als die individuelle.

Wenn wir auch noch eine Enzyklopädie aus den 70er Jahren zu Rate ziehen (Brockhaus, Bd.9), lernen wir wieder ein bisschen mehr. I. ist auch »die I.-Träger als Gesellschaftsschicht«, und dazu gehören »akademisch, literarisch und künstlerisch Gebildete«. Das hat einer geschrieben, der sich für gebildet hielt. Und er hat eine dumpfe Ahnung des Zeitgeistes treffend formuliert.

Wir wissen also nach der Lektüre von vier Lexika definitiv nur, dass keiner weiß, was Intelligenz ist, viele sich jedoch für intelligent halten. Früher hat man versucht, sie in sieben »Primärfaktoren« zu begreifen (Sprachgefühl, Rechnen etc.), heute versucht man es mit 120 Faktoren in dreidimensionalen Modellen. Ein qualitativer Unterschied ist das im Prinzip nicht. Interessant ist vielleicht noch, dass man mittlerweile nicht nur individuelle und kollektive Intelligenz unterscheidet, sondern auch »kulturbedingte oder kristallisierte I. (Wortverständnis, Rechnen, allgemeines Wissen) und biologische oder fluide I. (induktives Denken, assoziatives Gedächtnis)«. Und es scheint, dass »Anlage und Umwelt zu etwa gleichen Teilen die I. bedingen« (Brockhaus von 1989).

Es ist nicht einfach, nach Intelligenz im Weltraum (oder in der Schule) zu suchen, wenn man keine Ahnung hat, was man eigentlich sucht. Wir wissen das, und die NASA müsste es eigentlich auch wissen. Aber weder die NASA noch wir werden die Suche deshalb aufgeben. Nur werden wir erstmal auf der Erde bleiben, um vielleicht doch noch ein wenig mehr über das Thema zu begreifen. Auch wenn es »keine allg. anerkannte Definition« gibt, hat ja jeder von uns eine Vorstellung von I. Geist, Wissen, Verständnis, Denken und Erkennen sind Begriffe, die in jeder Enzyklopädie unter dem Stichwort auftauchen. Dass Phantasie und Kreativität nicht dabei sind, zeigt vor allem, dass unsere Enzyklopädien noch immer Produkte der fortschrittsgläubigen, bürgerlichen Gesellschaft sind. Und natürlich sind all das keine naturwissenschaftlichen Werte, sondern samt und sonders Werte, die wir nur deshalb anerkennen, weil wir sie schlecht leugnen können.

Die Naturwissenschaft versucht der Intelligenz im Gehirn auf die Schliche zu kommen, hat aber außer Spuren ihrer Anwesenheit dort nichts gefunden. Das Hirn von Einstein ist nichts Außergewöhnliches, und er selbst hat ja behauptet, dass wir höchstens zehn Prozent davon benutzen – er auch. Das Hirn eines Neandertalers soll nicht kleiner gewesen sein als unseres. Entweder hat der nur mit sechs oder sieben Prozent gedacht, oder wir sind gar nicht intelligenter. Wer, glauben Sie, würde länger durchhalten: ein durchschnittlicher Düsseldorfer in der Eiszeit oder ein durchschnittlicher Neandertaler in Düsseldorf? Es sieht so aus, als ob so oder so der weniger Durchschnittliche die besseren Karten hat – der Intelligentere. Es sieht so aus, als ob die Intelligenz ein Lieblingskind der Evolution ist. Und es sieht so aus, als ob wir immer noch in der Anfangsphase der Entwicklung der Intelligenz stecken. Dabei macht die kollektive Intelligenz geradezu atemberaubende Fortschritte. Im Grunde durchläuft sie eine ähnlich drastisch ansteigende Kurve wie die Bevölkerungszahl. Vielleicht ist die eine Kurve sogar abhängig von der anderen. Das Gehirn ist zwar nicht größer geworden – wozu auch, wenn wir es kaum nutzen –, aber es gibt 6 Milliarden Hirne, statt nur einer Milliarde wie vor hundert Jahren.

Noch wichtiger aber als die zunehmende Zahl ist die ständig wachsende Vernetzung zwischen diesen Hirnen. Für die kollektive Intelligenz ist die Vernetzung der Einzelhirne ähnlich entscheidend wie die Vernetzung der Neuronen für die individuelle. Weltweit passiert gerade etwas, was der Entwicklung des Einzelhirns in einer frühen Phase entspricht: Verbindungen entstehen, wichtige werden verstärkt und unwichtige vergessen. Dabei gibt es einen Rückkopplungseffekt, der im kollektiven Hirn noch deutlicher zum Tragen kommt als im einzelnen: Je höher der augenblickliche Grad der Intelligenz, desto größer sind die Chancen, sich verbesserte Möglichkeiten zur Erweiterung derselben zu verschaffen. Global gesehen steht heute jedermann das gesamte Wissen der Menschheit zur Verfügung, und jeder neue Gedanke kann blitzschnell verbreitet werden.

Obwohl die kollektive Intelligenz also boomt, wie wir sehen, wissen wir immer noch nicht, von was wir sprechen. Dafür wissen wir sehr gut, was wir wollen – die Einzigen sein, die es haben. Noch vor hundert Jahren wurde als entscheidender Unterschied zwischen Mensch und Tier das Fehlen der Intelligenz bei letzterem angeführt. Und noch heute suchen wir, wenn wir nach Intelligenz suchen, nach menschlicher. Entschlossen wird Verhalten, das nicht dumm ist, als instinktiv abgetan oder als physikalischer Effekt erklärt oder – meistens – einfach nicht zur Kenntnis genommen. Dabei ist auch das ach so intelligente Verhalten des Menschen oft genug von meist noch niedrigen Instinkten geprägt.

Wenn wir uns wertfrei und offen nach Anzeichen von Intelligenz umschauen, stoßen wir überall in unserem Umfeld darauf. Delphine gehören zwar nicht zu jedermanns näherem Umfeld, aber wir beginnen trotzdem mit ihnen, weil ihre Intelligenz ganz außerordentlich groß sein soll. Ihr Gehirn zumindest war vor 25 Millionen Jahren so weit entwickelt wie unseres heute und hat seitdem noch zugelegt. Delphine und Wale besitzen einen Hirnbereich mehr als wir. Wozu der gut ist, weiß man natürlich noch weniger als irgendetwas über die Bereiche, die auch wir besitzen. Aber alle Forscher sind zutiefst beeindruckt von der Fähigkeit dieser Säugetiere, neue Aufgaben zu verstehen und zu lösen, von ihrem Bestreben, mit uns zu kommunizieren, und nicht zuletzt von der Verständigung dieser Tiere untereinander.

Versuchen Sie sich einmal vorzustellen, dass der Mensch ein Wesen ohne Hände wäre, die Sprache nicht nötig hätte, um sich mit seinesgleichen zu unterhalten, und geradezu schwerelos durch die Luft gleiten würde. Natürlich hätten wir das Auto nicht erfunden – wozu auch – und die Bibliothek von Alexandria hätten wir weder aufgebaut noch verbrannt. Wir würden völlig anders denken. So sind die Delphine. Sie haben völlig andere Interessen als wir. Deshalb fällt es uns so schwer zu begreifen, dass sie nicht dumm sind.

Dass Menschenaffen einen Stock nehmen, um eine Frucht heranzuangeln; dass Hunde lernen, auf bestimmte Kommandos richtig zu reagieren; dass Elefanten einen Menschen nach Jahrzehnten wiedererkennen; dass eine Katze das Jagen von der Mutter beigebracht kriegt; dass eine Brieftaube so sicher ankommt wie die normale Post und dass Eichhörnchen Nüsse vergraben, wenn es auf den Winter zugeht – das und vieles mehr ist doch alles andere als dumm. Und wenn es nicht dumm ist, dann sollten wir uns nicht länger scheuen, es schlau zu nennen.

Stellen Sie sich vor, ein Knabe wird im Allgäu geboren und dann durch die Wirren der Zeit quer durch ganz Europa bis ins hinterste Sibirien verschlagen. Gegen Ende der Pubertät begreift er, dass sein Mädel aus dem Allgäu sein soll, und macht sich auf den Weg dorthin. Ganz alleine, ohne Landkarte, ohne fremde Hilfe und ohne Verkehrsmittel. Wenn der junge Mann in der Heimat ankommen sollte, wird man dort die Hände über dem Kopf zusammenschlagen vor Bewunderung über diese Leistung. Für einen jungen Lachs ist so etwas ganz selbstverständlich.

Genug der Beispiele aus der Tierwelt. Steigen wir eine Stufe tiefer und betrachten die Blümchen. Viele klappen Blüten und Blätter auf und zu, manche können Fliegen fangen, etliche haben sich Stacheln zugelegt, um nicht wie ein belegtes Brötchen in der Wüste rumzustehen, und alle haben das Sex-Problem gelöst, obwohl sie ja nicht einfach aufeinander zulaufen und sich in die Äste fallen können. Gerade die Fähigkeit, extreme Probleme gut gelöst zu haben, fällt doch bei der Pflanze ins Auge. Glauben Sie, dass es einfach für einen Kaktus war, die Wüste zu besiedeln? Aber da steht er, mächtig und stolz, und zwei Jahre ohne Regen stören ihn genauso wenig wie die mörderische Hitze am Tag oder die Schweinekälte in der Nacht. Was glauben Sie, wie viele Bäume zusammengebrochen sind, als es plötzlich zu schneien begann, bis ihre Nachfolger den Trick drauf hatten, die Blätter direkt wegzuschmeißen, wenn es kalt wurde?

Außerdem mögen Pflanzen Musik und können zwischen schlechten Menschen und guten unterscheiden. Ist Ihnen schon mal aufgefallen, dass die meisten Pflanzen Hindernissen geschickt ausweichen? Kaum eine Pflanze mag ihre Blätter gegen Mauern scheuern. Das bedeutet doch, dass sie sich entscheidet, hierhin zu wachsen und nicht dorthin. Die Fähigkeit, sich zu entscheiden, war das erste Kriterium der Intelligenz – zwischen etwas wählen, intellegere.

Wenn wir noch eine Stufe tiefer gehen, auf die Stufe von Viren, Bakterien und Einzellern, stehen wir vor dem gleichen Phänomen: Alle diese Kleinstlebewesen verhalten sich in ihrem täglichen Überlebenskampf ausgesprochen pfiffig, und es gehört schon eine gewisse Arroganz dazu, diesem Verhalten die Intelligenz abzusprechen. Dumm ist es auf keinen Fall.

Aber selbst wenn wir noch eine Stufe hinab schreiten, zur totgesagten reinen Materie, finden wir Belege beispielhafter Intelligenz. Wenn der Fluss nicht in Mäandern laufen würde, könnte er die Landschaft kaum genießen. Im Gegenteil – er würde sie mit sich reißen und in schnurgeraden Kanälen mit unglaublicher Geschwindigkeit ins Meer schießen. Aber er zieht es vor, sich mit der Landschaft aufs Innigste zu vereinen. Selbst wenn Sie das nicht Intelligenz oder freie Entscheidung nennen wollen – physikalische Gesetzmäßigkeit ist es nicht. Das Wasser scheint sich geradezu einen Spaß daraus zu machen, die Physik ad absurdum zu führen. Es dehnt zum Beispiel sein Volumen aus, wenn es kälter wird, was gegen alle Regeln ist. Aber dieser kleine Scherz des Wassers macht unser Leben auf der Erde überhaupt erst möglich. Wäre es anders, würden die Ozeane von unten zufrieren. Und wieso sprudelt Wasser aus Quellen im Hochgebirge? Würde es nur der Schwerkraft gehorchen, hätte es dort genau so wenig zu suchen wie das Blut, das uns manchmal aus der Nase rinnt und uns ohne unseren Kreislauf die Füße platzen lassen würde. Auch kosmisch gesehen ist es lächerlich zu behaupten, dass Galaxienhaufen wegen »kleiner Unregelmäßigkeiten in den ersten Momenten des Big Bang« zusammenkommen. Wahrscheinlich kommen sie zusammen, weil es geselliger ist, genau wie auch Sonnensysteme gern beieinander sind, und das Sonnensystem selbst ist ja in sich schon eine kleine Geselligkeit. Genau wie auch wir in der Familie, im Stamm oder im Volk zusammengehören. Genau wie wir uns sonntags in der Messe treffen. Wenn ein Haufen Menschen sich zusammenballt, erwartet jeder, dass das seinen guten Grund hat. Wenn wir einen Haufen Galaxien sehen, erklären wir das mit »kleinen Unregelmäßigkeiten«. Weil wir es so erklären wollen. Warum beschreiben wir den Menschen und die Natur, die ihn hervorgebracht hat, mit verschiedenen Maßstäben? Hat das irgendeinen Sinn? Beim Menschen sehen wir, dass sich vieles dem kalten, sachlichen Forscherblick verschließt. In der restlichen Natur behaupten wir, dass da nichts ist. Dabei ist doch viel naheliegender, dass wir es nur genauso wenig sehen wie bei uns.

Man kann nicht oft genug wiederholen, dass diese Sichtweise noch gar nicht so alt ist. Unsere Vorfahren haben noch den Geist in den Dingen gesehen und in jeder Pflanze und in jedem Tier, auch dem kleinsten. Selbst die Bibel spricht davon, dass am Anfang der Geist über dem Wasser schwebte. Der Geist war vor uns da, aber wir tun so, als hätten wir ihn erfunden. Der Wahrheit näher kamen die Indianer, wenn sie den Geist eines Baumes um Verzeihung und Verständnis baten, bevor sie ihn fällten. Auf jeden Fall hat das verhindert, dass sich eine so schwachsinnige Vorstellung verbreiten konnte wie die, dass ein Baum nicht begreift, was um ihn rum vorgeht. Wir müssen wieder auf den Boden der Tatsachen zurückkommen und uns klarmachen, dass Geist in allem steckt, im Großen wie im Kleinen. Und wenn wir nun statt Geist wieder Intelligenz sagen, stehen wir vor einem hochintelligenten Kosmos, den wir mit dem gegebenen Respekt zu behandeln haben. Schließlich verdanken wir unser Leben seiner Weisheit.

# 11. Nochmal: der Raum

Nun ist es also aus mit der Arroganz. Wir sind nicht allein – ganz und gar nicht. Leben und Intelligenz erfüllen den Raum bis in den letzten Winkel, sie sind seine Existenzgrundlage und sie halten ihn zusammen. Das Universum ist ein Lebensprozess. Das soll nun nicht heißen, dass jede Wolke die intellektuellen Fähigkeiten Schopenhauers hätte. Aber auch Schopenhauers Achselschweiß löst keine Rechenaufgaben und gehört trotzdem zu einem intelligenten System.

Eigentlich müssten es gerade die Astrophysiker längst begriffen haben, benutzen sie doch immer häufiger Begriffe aus dem Reich der Biologie, um die Vorgänge um uns herum zu beschreiben. Geburt, Tod, Evolution und Stoffwechsel sind noch die sachlichsten davon. Aber es lauern da auch große Galaxien auf kleine, um sie zu verschlingen oder gar »sich einzuverleiben«, oft genug wird die Nahrung knapp, und manchmal kommt es zum Kollaps. Die Wissenschaftler sagen natürlich, dass das nur Bilder sind. Aber wieso sind gerade das die treffenden »Bilder«? Weil sie den Tatbestand beschreiben, wie er ist! Eine ganze Reihe kosmischer Phänomene, die zur Zeit mit meist schwer verständlichen und in keiner Weise vorstellbaren Theorien in den Rahmen reiner Physik gezwängt werden, entpuppen sich als schlichte Selbstverständlichkeit.

Der Raum dehnt sich aus. Na wunderbar! Alles Leben pulsiert. Soll da der Kosmos weniger sein? Er wird sich schon wieder zusammenziehen. Unsereins dehnt sich sogar mit jedem Atemzug aus. Da kommt niemand auf die Idee, dass wir uns von Null ausdehnen, um dann wieder auf Null zusammenzuschrumpfen. Nicht normal wäre, wenn das Universum statisch wäre, wenn es nicht schwingen würde. Seine Schwingung, um Worte wie Puls oder Atemzug mal zu vermeiden, kann leicht einen Paar-Millionen-Jahre-Rhythmus haben. Gerade, dass es schwingt, beruhigt uns, ist es doch ein Lebenszeichen. Die Erde schwingt auch – muss schwingen – und die Herren Astrophysiker mögen es bitte nachmessen, falls sie es noch nicht getan haben. Allerdings muss ihr augenblicklicher Rhythmus nicht unbedingt der angemessene und ihr genehme sein – die Erde ist zur Zeit erregt.

Auf dem Mond hat man Spiegel aufgestellt und mit Hilfe von Laserstrahlen festgestellt, dass auch er schwingt, und zwar um etwa drei Meter in rund drei Jahren. Die offizielle Erklärung ist ein Meteoriteneinschlag vor 1000 Jahren, der den Mond heute noch nachzittern lässt. Bei Jupiter hat man kürzlich einen ähnlichen Effekt vorausgesagt, aber zur großen Überraschung der Experten hat Jupiter den Einschlag des Kometen Levy-Shoemaker weggesteckt wie nix. Trotzdem schwingt auch Jupiter, genau wie Venus, Mars und all die anderen Himmelskörper, und zwar mit Kometentreffer oder ohne. Die simple Wahrheit ist, dass alles schwingt.

Die vielbejubelte Hintergrundstrahlung, die jüngst mit Satellitenhilfe entdeckt wurde, gilt als letzter Beweis für den Big Bang, weil sie beweist, dass der Raum nicht absolut kalt ist, sondern eine geringe, aber doch messbare Grundtemperatur hat. Es heißt, dass das die Resthitze vom einstigen Feuerball ist. Für uns ist es ein weiteres Lebenszeichen. Unsere Körpertemperatur ist doch auch eins und nicht der Rest von der Reibungswärme beim Zeugungsakt.

Und dann die »dunkle Materie«! Da weder das Verhalten der Galaxien noch das des Gesamtraums mit den Formeln des gültigen Kosmosmodells in Übereinstimmung gebracht werden konnten, die Formeln aber an sich sehr hübsch zusammenpassen, musste die »schwarze Masse« her. Das Modell ist jetzt in Ordnung, aber im Raum ist der Bär los. Angeblich, so heißt es neuerdings, besteht der Raum zu 99 Prozent aus Materie, die wir weder sehen noch fühlen noch beschreiben können, die weder strahlt noch magnetisiert noch mit »unserer« Materie zusammenprallt. Sie besteht weder aus Protonen und Neutronen noch stört sie Funk und Fernsehen. Und da sie in keiner Weise sichtbar ist, hindert sie auch nicht unsere Sicht in den Raum. Aber alles, was die Menschheit bis vor maximal zwanzig Jahren kannte, ist plötzlich nur noch ein Hundertstel wert. Und der einzige Hinweis auf diese wirklich dunkle Materie ist der, dass der Raum sich nicht so verhält, wie er sich verhalten müsste, wenn er wirklich nur Physik wäre. Diese dunkle Masse »erklärt« ein kosmisches Phänomen, das man mit einem sehr einfachen Wort beschreiben kann: Zusammenhalt oder meinetwegen Sympathie. Die Galaxien halten zusammen und damit spotten sie der Fliehkraft. Lasst sie doch! Für uns ist es nur gut und außerdem ist es ein Zeichen für mehr als Leben – für Lebenslust. Wenn man Sympathie als physikalische Größe anerkennt, braucht man die riesige, dunkle Masse nicht mehr und wahrscheinlich auch keine Gluonen – die hat auch noch niemand gesehen, aber sie erklären im Mikrokosmos, wieso die kleinen Quarks so schön zusammenhalten. Dabei ist es so was Schönes wie Liebe!

Viele abenteuerliche Theorien werden überflüssig, wenn man die Liebe auch kosmisch zulässt. Abenteuerliche Ideen vom Himmel wie vom Leben auf Erden. Der Liebe könnte es nur gut tun, wenn man sie als kosmische Kraft erkennen und Messinstrumente und Maßeinheiten dafür entwickeln würde. Der Heiratsschwindelei jedenfalls wäre damit auf Erden ein Ende bereitet, und im Raum wäre wieder Platz für Raum. Bis uns das Gegenteil bewiesen wird, sollten wir auch Bewusstsein, Erinnerung und Phantasie als universelle Fähigkeiten ansehen.

Wenn wir darauf warten, dass uns die Sorge der Venus über den Zustand der Erde naturwissenschaftlich nachgewiesen wird, können wir lange warten. Aber genauso unwahrscheinlich ist es, dass die Bewusstlosigkeit der Erde wirklich bewiesen wird. So gesehen ist es uns allein überlassen, auf welche Seite wir uns schlagen. Erstaunlich ist, wie geschlossen unsere Kultur die weniger lebenswerte Sichtweise bevorzugt. Noch erstaunlicher ist es, dass so wenige die Liebe der Erde einfach und direkt fühlen. Es ist unbegreiflich, dass es so wenig Verliebte gibt, verliebt in das Schwarze des Himmels, in die Sonne, die Erde und in sich selbst, verliebt in ihre DNS und in die klitzekleinen Wasserstoffatome. Warum liebt hier keiner das Leben? Die Antwort ist grotesk –

man würde es ja lieben, wenn man es nur erkennen würde.

Stellen Sie sich mal Ihre Jugend vor, wenn Sie Ihre Mutter mit so etwas Banalem wie beispielsweise einem Kohlensack verwechselt hätten. Fatal! So absurd ist dieser Vergleich nicht. Die Erde jedenfalls scheint der Mensch des Industriezeitalters mit einem Sack Kohlen zu verwechseln. Dass auch das fatale Folgen hat, beginnen wir gerade zu begreifen. Leider ist das erst der Anfang der Kalamitäten. Liebten wir das Leben, wäre uns das nie passiert. Der Liebende respektiert ja nicht erst, wenn er sich ausgerechnet hat, dass das für ihn vorteilhaft ist, sondern er respektiert von vorneherein aus dem simplen Gefühl der Gemeinsamkeit. Für ihn ist das nichtsdestotrotz von Vorteil, weil er ein elementares Naturgesetz beachtet, das in unseren kosmologischen Vorstellungen verlorengegangen ist, obwohl es unser Leben offensichtlich regiert: Alles gedeiht, wo Liebe herrscht. Und ohne Liebe herrscht nur Trauer.

Wer nicht sieht und fühlt, dass die Luft den Schmetterling liebt und die Erde den Maulwurf, der hat den Beruf verfehlt, egal welchen er ausübt. Sollte er jedoch ausgerechnet Astrophysiker geworden sein, dann kann er noch so große Fernrohre bauen – da er das Wesen nicht erkennt, muss er im Wesentlichen irren. Jeder lieblose Blick in den Himmel ist ein verschwendeter Blick, jeder respektlose Gedanke über das All sinnlos. Natürlich gilt das nicht nur nach oben, sondern genauso nach unten. Der Notwehrparagraph gibt jedem Menschen das selbstverständliche Recht, Schaden von der Erde abzuwenden – als Familienangehöriger ersten Grades. Und so, wie wir manchmal wochenlang über ein Geburtstagsgeschenk für unsere liebe Mutter nachdenken, so sollten wir auch unsere Erfindungen daraufhin prüfen, ob sie zum Wohlgefallen unserer lieben Erde sind. Die Indianer haben das gemacht, aus Ehrerbietung. So ist ihnen die Erkenntnis erspart geblieben, dass man sich anderenfalls ins eigene Fleisch schneidet. Ihre Welt – unsere sogenannte Neue Welt – strotzte vor Leben und Fülle, als der weiße Mann sie entdeckte. Dass sich das nach dessen Ankunft so unglaublich schnell änderte, ist weniger das Resultat bösen Willens als vielmehr das einer unfassbaren Ignoranz. Nicht Hass hat die Büffel ausgerottet, sondern Blindheit. Der weiße Mann hat seinen Verwandten, den Büffel, nicht erkannt und ihn mit einer Tontaube verwechselt. Nicht einmal seinen roten Bruder hat er erkannt.

An dieser Ignoranz, dieser Unfähigkeit zu erkennen, hat sich bis heute nichts Grundlegendes geändert, selbst wenn sich in aufgeklärten Kreisen langsam das Bewusstsein verbreitet, dass auch in schwarzer, gelber oder roter Haut Menschen stecken. Dass wir einen Chinesen heute meist nicht mehr mit einem Maulesel verwechseln, ist sicherlich ein Fortschritt, aber eben nur ein Schritt. Der Weg ist lang.

Irgendwann werden wir alle wieder wissen, dass ein Fluss keine Kloake ist, sondern die Vene einer Geliebten. Irgendwann werden wir die Erde nicht mehr mit einem Selbstbedienungsladen verwechseln, sondern sie als unser eigenes Blut erkennen. Irgendwann wird uns die Ehrfurcht verbieten, einfach alles in den Kosmos hinauszufurzen, was uns gerade einfällt. Vielleicht werden eines Tages sogar die Astrophysiker erst beten und opfern, ehe sie eine Rakete auf die Venus jagen. Genauso gut ist es möglich, dass wir irgendwann die Venus erkannt haben und sie direkt verstehen und es gar nicht mehr nötig haben, Sonden hinaufzuschießen.

Auch das ist längst nicht so absurd, wie es scheint. Jeder normale Mensch empfindet beim Anblick eines klaren Sternenhimmels Glücksgefühle. Wäre es ein Mensch, der diese Gefühle auslöste, scheute sich niemand, von Liebe auf den ersten Blick zu sprechen. Wäre es ein Hund oder eine Katze, würden sie gekauft. Da es aber nur der Sternenhimmel ist, geht man zur Tagesordnung über und vergisst das Ganze. Dabei ist es durchaus bemerkenswert. Nicht jede Lichterkette berührt uns so. Warum ausgerechnet dieses ach so weit entfernte Gefunkel? Irgendetwas tief in uns fühlt sich da angesprochen.

Bei den nordkolumbianischen Indianern gab es einen Einweihungsritus, der die einfachste Sache der Welt ist, aber trotzdem viel bewirkt. Man muss es nur tun. Der Junge, der ein Mann werden sollte, hatte zum Sonnenuntergang auf einen Berg zu steigen und dort bis zum Sonnenaufgang zu bleiben. Dabei musste er den Himmel beobachten, wo die Sonne untergegangen war, und sich gegen Mitternacht umdrehen und die andere Seite des Himmels betrachten. Das ist wirklich nicht viel verlangt, bewirkt aber eine Betrachtungsweise des Firmaments, die sich in zwei Punkten grundlegend von der uns gewohnten unterscheidet. Der junge Mann wird nicht aufgefordert, irgendwelche Sterne zu beobachten, sondern einen Himmelsabschnitt. Und dazu hatte er fast unendlich viel Zeit. Es ist jedem dringend zu empfehlen, diese einfache Übung einmal zu machen. Für mich war sie der Einstieg in die Astronomie, und ich habe seinerzeit auf dem Dach unseres Hauses gesessen, weil der nächste Berg ganz schön weit weg war.

Achten Sie auf die Glücksgefühle, die dann und wann in Ihnen hochsteigen, wenn Sie da hinaufschauen. Sie werden zugeben müssen, dass Ihre Empfindungen durchaus Liebe genannt werden können. Liebe aber ist ein Gefühl der Gegenseitigkeit. Wahre, also spontane Liebe wird immer erwidert – ähnlich der Gravitation. Ohne Partner gibt es keine Liebe. Das bedeutet aber, dass eine Instanz tief in unserem Innern immer noch weiß, dass der Raum ein liebender Partner ist. Gehen Sie diesen Gefühlen nach, geben Sie sich hin, verdrängen Sie es nicht gleich wieder.

Zeit haben Sie ja, und das ist wichtig. Am besten ist, man vergisst sie für eine Weile. Wie wollen Sie sonst Kontakt zu jemandem bekommen, für den hunderttausend Jahre wie ein Augenzwinkern sind. Deswegen haben sich alle Kulturen zu ihren spirituellen Reisen in Tanz-, Schmerz- oder Drogentrance versetzt. Ob Jahrmillionen wie ein Kopfschütteln sind oder ob die Zeit überhaupt nicht existiert, ist fast das Gleiche – zumindest von unserer Warte aus. Und bei jedem Rendezvous ist es förderlich, in einem ähnlich entspannten Gemütszustand zu sein wie der jeweilige Partner. Wer die Zeit vergisst, kommt dem Raum näher – auch eine interessante Raum-Zeit-Relation.

Dass wir ihn, den Raum, sinnlich erfahren können, steht außer Frage. Geben Sie sich hin und Sie werden schwingen, wie die Saite einer Gitarre schwingt, wenn auf einem Klavier neben ihr der richtige Ton angeschlagen wird. Ein einfacher Resonanzeffekt wird Sie spüren lassen, dass Sie dazugehören. Der erste Schritt ist immer der wichtigste —von diesem ersten freudigen Wiedererkennen führt ein direkter Weg zum Gefühl endloser Vertrautheit. Vertrauen ist aller Logik nach eine der ersten Empfindungen, die wir zu unserem All haben sollten, sind wir dafür doch maßgeschneidert. Deshalb ist Vertrauen auch ein vorzügliches Anzeichen für eine realistische Vorstellung vom Weltraum. Das Glücksgefühl, das Sie im besten Fall auf der nächtlichen Wiese durchströmt, bringt Sie der Wahrheit näher als ein Astro-Programm für ihren Heimcomputer. Nehmen Sie es ernst — es ist wichtig, gut und richtig und eine authentische Erkenntnisquelle. Vielleicht drehen auch Sie sich eines nachts mit Glückstränen in den Augen um, vergraben Ihr Gesicht in der Erde und bedecken sie mit Küssen. Dann sind Sie der Wahrheit schon wieder einen großen Schritt näher.

Es gibt keine Grenzen — auch nicht zwischen Ihnen und der Wahrheit. Sie müssen nur darauf zugehen, und der erste Schritt ist einfach. Eigene Erfahrungen wiegen viel mehr als angelesene. Der Verliebte auf dem nächtlichen Hügel erkennt die gewaltige Realität: statt eines Weltalls, in dem wir immer noch im Mittelpunkt stehen, obwohl wir lernen mussten, dass es sich um uns nicht dreht, eine unendliche Ursuppe von Lebenslust, statt feinmechanischer Vorstellungen von Uhrwerken und Gummibändern sowas wie Geilheit, statt allein gegen alles mit allem vereint in einem orgastischen Miteinnander. Liebe, Respekt und Verständnis sind alltäglich, allgemein und selbstverständlich. Natürlich empfinden wir für das geliebte Wesen, das uns hervorgebracht hat und erhält, ähnliches wie ein Kleinkind für Mama.

Wer wirklich begriffen hat, wo er lebt, hat den Kreis seiner Lieben gewaltig erweitert. Er liebt die Erde wie seine Mutter, den Mond wie seinen Bruder, Venus wie Großmama, die Sonne wie Papa und das All über alles. Und er fühlt sich – zu Recht – von allen Seiten wiedergeliebt. Wenn er in den Himmel schaut, starrt er nicht nur die Sterne an, als Hoffungsschimmer in der ansonsten feindlichen Leere, bis ihm die Augen zucken – nein, auch das Schwarze, den vielen Raum, betrachtet er mit Wohlgefallen. Es ist mehr – es ist tiefes Glück, das er fühlt, und natürlich geht es ihm nicht nur nachts so. Damit es ihm nicht zu gut geht, fühlt er allerdings auch den Schmerz oft so, als vergewaltige man seine kleine Schwester. Ein Schuft, der das nicht zu verhindern trachtete. Ersten Grades ist die Verwandtschaft ganz bestimmt.

Wir alle sind kosmische Wesen – das Resultat einer wirklich langwierigen Entwicklungsarbeit, die man Evolution nennt. Wir sind genau zur richtigen Zeit am richtigen Ort. Aber Zeit ist überall im All genug vergangen und Ort ist der ganze Raum. Es ist absurd anzunehmen, dass anderswo weniger passiert. Zwar sind erst vier Jahrhunderte vergangen, seit unsere Kultur widerwillig begreifen musste, dass sich nicht die ganze Welt um die Erde dreht, aber nun wird es langsam Zeit, diese Erkenntnis tiefer gehend zu verstehen als nur als Rotationsphänomen. Überall in diesem Universum ist das Gleiche möglich wie hier, und überall ist die gleiche Notwendigkeit dazu gegeben. Leben und Intelligenz entwickeln sich im gesamten Raum, und zwar gemeinsam. Wenn man unbedingt Geld ausgeben will für dumme Fragen, könnte man ja mal untersuchen, ob das Leben die Intelligenz hervorbringt oder umgekehrt, oder ob beide zusammengehören wie Schweißfuß und Fußschweiß.

Dem, der gerade auf der Wiese liegt und liebend in den Himmel schaut, ist es wahrscheinlich völlig egal. Es gibt auch überflüssige Fragen.

# 12 Schlussbemerkung

Es gibt überflüssige Fragen, und es gibt sogar schamlose Fragen. Würden Sie vielleicht Ihre Mutter fragen, ob sie damals ein Kind haben wollte oder einen Kerl im Bett oder einen Hochzeitstermin? Wenn Sie Ihre Mama nur ein bisschen liebhaben, fragen Sie so etwas nie. Dann ist es auch gar nicht so wichtig, wer wann mit wem was angefangen hat. Viel wichtiger ist doch, dass Mama für Sie da ist. Kosmisch gesehen ist es ähnlich.

Allein die Frage, ob wir vielleicht die einzigen Intelligenten sind in diesem Raum, ist eine maßlose Unverschämtheit. Diejenigen, die diese Fragen heute stellen, beweisen die gleiche dumme Arroganz wie jene, die noch vor nicht einmal 200 Jahren behaupteten, dass die Weißen die einzigen Intelligenten auf der Erde sind. Es sind die gleichen, die so fragen, und es ist die gleiche Unkultur.

Auch die Frage nach dem Ursprung des Ganzen zeugt von einem gewissen Größenwahn. Es ist der Versuch, etwas in eine Schublade zu zwängen, das jede Schublade sprengt, und dahinter steht der Wunsch, sich über etwas zu erheben, über dem es nichts geben kann. Wir wollen etwas von oben herab erfassen, was wir allenfalls von unten herauf verstehen können; wir versuchen es fern von uns zu begreifen und könnten es viel klarer in uns erkennen.

Wenn manche Fragen schon schlimm sind, schlimmer sind meist die Antworten, die uns gegeben werden. So unterschiedlich diese auch ausfallen mögen, haben sie doch alle ein paar Gemeinsamkeiten. Jeder, der eine Antwort zu wissen vorgibt, will sich über das Ganze erheben – er strebt nach Macht. Und alle Antworten sind mythisch, weil eben doch keiner wirklich Ahnung hat. Die christliche Schöpfungsgeschichte ist es genau wie jede andere jeder anderen Kultur. Und die Idee vom Urknall ist nicht weniger mythisch: Es war einmal, vor 15 Milliarden Jahren ... Erstaunlich ist nur, dass wir es diesmal nicht als mythische Verklärung durch einen Oberpriester sehen, sondern als wissenschaftliche Erklärung. Vielleicht äußert sich gerade im Nicht-Glauben die Religiosität der Aufklärung. Aber glauben, dass man nicht glaubt, ist auch glauben. Tatsächlich unterscheidet sich die Urknall-Story von all den vielen anderen Schöpfungsmythen vor allem dadurch, dass diesmal nicht erwähnt wird, welcher Gott die Idee hatte. Aber das sagt eigentlich weniger über die Schöpfung aus als über den Zeitgeist.

Im Grunde ist der Versuch einer rein physikalischen Erklärung des Kosmos auch der Versuch, die Nichtexistenz Gottes zu beweisen. Würde man die begehrte »Einheitsformel« endlich finden, die den Kosmos im Großen wie im Kleinen beschreibt, wäre tatsächlich kein Platz mehr für Gott im Raum. Aber diese Formel müsste in der Mitte auch den Menschen mit erfassen, oder sie bleibt unvollkommen. Da nun Gottes Existenz nie nachgewiesen werden konnte, wird es auch nicht leicht sein, seine Abwesenheit zu beweisen. Je mehr

Terrain die Wissenschaft erobert, desto mehr neue Fragen entdeckt sie, und es sieht so aus, als ob die »endgültige« Antwort in immer weitere Ferne entschwindet. Johannes Kepler, der »Erfinder« der Astronomie, hat dazu etwas Treffendes bemerkt: »Die Schätze des Himmels sind eben deshalb so unermesslich, damit dem menschlichen Geist niemals seine liebste Nahrung ausgeht. « So gesehen wird Gott oder nicht Gott wohl noch Tausende von Jahren eine Sache des Glaubens sein und nicht des Wissens.

Solange es noch Fragen gibt, ist auch Platz für Gott im Raum – und Fragen wird es immer geben. Was sind 15 Milliarden Jahre? Wer hat zum Big Bang »mach bumm!« gesagt? Warum hat Gott Licht gewollt? Was war hier, bevor der Raum hier war? Wo war Gott, bevor er Himmel und Erde schuf? Wahrscheinlich ist es für den Gläubigen ein Vorteil, dass sich ihm die dümmsten Fragen von selbst verbieten. Ein Vorteil für die Welt, die ihn umgibt, ist der Respekt gegenüber der Schöpfung, den jeder Gott verlangt. Und dass der Glaube beruhigt, indem er viele Ängste nimmt, ist auch nicht zu verachten. Warum auch hier unsere Kultur die weniger vorteilhafte Sicht der Dinge wählt und den gottlosen Kosmos vorzieht, bleibt ein Rätsel.

Für den Verliebten auf der Wiese ist es nicht so wichtig. Er respektiert sowieso, weil er liebt; er muss nicht alles wissen, weil es ihm recht ist, wie es ist; warum sollte er Angst haben, wo er gut aufgehoben ist; er ist nicht nur beruhigt, er ist ruhig. In seinem Kosmos ist Raum genug, auch für Gott, und es läuft für ihn so oder so auf das Gleiche hinaus.

# 13  Nachwort zur Neuausgabe

Nun sind fast 20 Jahre vergangen, seit dieses Buch das Licht der Welt erblickt hat. Vier Titel hat es schon ertragen, bekannt wurde es unter dem zweiten, den Zweitausendeins ihm damals gegeben hatte: „Für 12 Mark 80 durch das Universum". Jetzt hat es den, unter dem ich es geschrieben hatte. Alles wird am Ende gut. In einem Menschenleben sind 19 Jahre schon ein bedeutender Zeitraum, astronomisch gesehen sind sie so gut wie nichts.

Dass Sie zu vielen Angaben, vor allem von Zeiträumen, 20 Jahre dazurechnen müssen, wenn Sie den heutigen Stand der Dinge wissen wollen, ist sicherlich allen klar geworden, außer natürlich bei den Jahren, die wir noch auf ein Ereignis warten müssen. Da können Sie 20 abziehen, aber ein großer Unterschied ist das meistens nicht.

Aus MOP, das auch Seti genannt wurde und auf 10 Jahre geplant war, zog sich die NASA schon nach zwei Jahren zurück und es wurde von einer Gruppe Informatiker übernommen, die es bis heute betreiben, zwar noch nicht fündig geworden sind, aber trotzdem denken, dass spätestens in 20 Jahren ein Kontakt hergestellt sein wird. Optimismus sollte man niemals tadeln.

Das Buch ist nicht mehr ganz so jung, aber genau so aktuell. Und es hat an Kraft und Schönheit gewonnen, es ist sozusagen erblüht. Nicht eine meiner zahlreichen kühnen Aussagen ist widerlegt worden, aber eine Vielzahl hat sich bestätigt oder ist zumindest im Bereich des Vorstellbaren angekommen und wird nun auch unter Astronomen und Astrophysikern diskutiert. So hat man mittlerweile viele tausend andere Planeten entdeckt und es werden immer schneller immer mehr. Dabei können wir noch nicht allzu lange bei mehr als den uns benachbarten Nachbarsternen suchen und „sahen" nur solche, die wesentlich größer sind als unsere winzige Erde. Das hat nichts mit den Planeten zu tun sondern mit den Mitteln der Beobachtung, die zwar hoch entwickelt sind, aber so hoch noch nicht lange. Sicherlich wird es immer noch Leute geben, die das Vorkommen von Planeten in anderen Galaxien als der unseren bezweifeln, bis auch das bewiesen ist. Doch alles, was hier geschieht, ist auch überall sonst im Universum möglich. Nur können wir das weitaus meiste davon nicht sehen.

Ständig werden auch neue Lebensformen entdeckt, die in Umgebungen gedeihen, die mit der Unseren nicht zu vergleichen sind. Im ewigen Eis gibt es bei 56 Grad Celsius unter Null quicklebendige Mikroorganismen in Hülle und Fülle. Aber was ist das schon, verglichen mit dem Leben in der Tiefsee, fern jeder Sonneneinstrahlung, bei einem Druck von 300 Atmosphären, wo Würmer, Spinnen, Muscheln und Seesterne an bis zu 464 Grad Celsius heißen Quellen aus Lavaröhren leben, sogenannten Schwarzen Rauchern, und sich von Methangasen und Mineralien ernähren. Und, ich zitiere Wikipedia, „Einige Biologen erwarten, ähnliches Leben auf Monden der Gasplaneten wie z.B. dem Jupitermond Europa zu finden, da dort unter dem Eismantel ein Wasserozean mit eventuellen hydrothermalen Quellen vermutet wird". Es wird noch ein wenig dauern, aber sie werden es finden, wenn auch nicht unbedingt auf jenem Jupitermond.

Auch in den Geysiren leben „thermophile Extremophile" in kochendem Wasser, selbst in Schwefelsäure gibt es diese „Ultras", aber dort nennt man sie „Acidophile". Sogar in den Tiefen unseres Sonnensystems hat man mittlerweile „Lebensbausteine" entdeckt, sogenannte „organisierte Elemente", das sind mikrobenartige Strukturen, bei denen es sich möglicherweise um Relikte außerirdischer Organismen handelt; und noch deutlicher, im Glycin, einer Aminosäure, die man in von einer Nasa-Sonde eingefangenen Proben des Kometen „Wild 2" nachgewiesen hat. Carl Pilcher, Chef des NASA-Instituts für Astrobiologie sagt dazu: „Die Entdeckung von Glycin in einem Kometen unterstützt die Idee, dass die Grundbausteine des Lebens im Weltall weit verbreitet sind und stärkt auch das Argument, dass Leben im All eher häufig als selten ist." Der SETI- Mitarbeiter Michael D. Papagianni würde sich nicht einmal wundern, wenn wir außerirdischer Intelligenz direkt vor unserer Nase begegnen würden, hier in unserem Sonnensystem. Als möglichen Aufenthaltsort werden als Asteroiden getarnte Raumstationen im Kepler Gürtel gehandelt. Völlig zu recht sagt der Forscher jedenfalls, dass es unwissenschaftlich ist, bestimmte Gedanken a priori für falsch zu erklären. Die Forschung kann dort keine Ergebnisse zustande bringen, wo sie gar nicht hinschauen darf. Noch einen Schritt weiter, und selbst die Nasa hat begriffen, dass der Kosmos ein Lebensprozess ist.

Die taz kommentiert: „So wird das Gedankengut vermeintlicher Fantasten zunehmend zur Norm. Ein alter, lange bekannter Prozess, durch den zunächst als unmöglich und undenkbar verschriene Konzepte, die zwangsläufig ihrer Zeit vorauseilen, als Kondensationskeime neuer Einsichten wiederholt aufgegriffen und angegriffen, dann schließlich aber doch bestätigt und am Ende zur Selbstverständlichkeit werden."

Auch die Intelligenzforschung gibt sich – mit Erfolg – Mühe, auf meinen Stand zu kommen. Dass Affen nicht doof sind, steht mittlerweile fest. Selbst über die hochintelligenten Leistungen anderer Säugetiere, allen voran Wale und Delphine, gibt es eine Vielzahl von Studien, und ähnlich viele über Vögel. Sogar Bakterien finden in einem Labyrinth schnell und sicher den kürzesten Weg zum Futter. Pflanzen wachsen auf Lautsprecher zu, aus denen Musik kommt, die ihnen gefällt, und fort von jenen, deren Musik weniger harmonisch ist. Pflanzen wissen besser als der moderne Mensch, was ihnen gut tut. Dass die Gesetze der Harmonie im gesamten Kosmos wirken, ist nicht mehr zu bezweifeln. Davon kann der Musiker Joachim-Ernst Behrendt wunderbar erzählen, „Nada Brahma – die Welt ist Klang", als Buch zu haben oder – vielleicht noch besser – als CD.

Im Zusammenhang mit Intelligenz dürfen wir auf keinen Fall das Wasser übergehen, dessen unerklärliche Eigenschaften in immer mehr Versuchen nachgewiesen werden, die oft sogar mit Erfolg in die Praxis umgesetzt werden, zur Reinigung und zur „Wiederbelebung". Wasser kann auf jeden Fall viele Zustände einnehmen, nicht nur fest, flüssig und gasförmig, sondern auch sehr lebendig oder fast tot; es kann auf viele Einflüsse reagieren und diese lange erinnern, es ändert seine Qualität z.B. nachweisbar und langfristig durch Musik, und wenn es fließt, klingt es in unseren Tonarten, meist in Dur. Dabei besteht es offiziell nur aus Wasserstoff und Sauerstoff, zwei gängigen Elementen.

Interessant ist auch, dass man inzwischen Spiegelneuronen entdeckt hat, welche die Möglichkeit von Mitgefühl und wortlosem Verständnis auch wissenschaftlich belegen. Dabei sind die sogenannten Spiegelneuronen wahrscheinlich ganz normale Neuronen, bis das Gehirn sie für diese spezielle Aufgabe einsetzt. Es sind nicht so sehr die Neuronen, die etwas bewirken, wie die neuronalen Verbindungen. So sind auch Hautwiderstand und Muskeltonus an dem Phänomen der Verständigung beteiligt, das man heute Empathie nennt. Vielleicht erklärt sich damit unsere Rührung beim Anblick des klaren Sternenhimmels - und umgekehrt, wie ich ja zu behaupten gewagt habe.

Selbst der Satz, dass vielleicht eines Tages die Wissenschaftler erst beten und opfern, bevor sie etwas in den Weltraum hinausschicken, der so ganz ernst nicht gemeint war, hat an Gewicht gewonnen. Immer wieder kommen Mathematiker, Teilchen-, Astro- und Bio Physiker, ja selbst ganz einfache Physiker, zu der gleichen Erkenntnis wie Heisenberg, der gesagt hat: „Der erste Schluck aus dem Becher der Wissenschaft führt zum Atheismus, aber auf dem Grund des Bechers wartet Gott." Offenbar bin ich nicht der Einzige, der so etwas wie Demut beim Blick ins All fordert. Aber keine Angst, ich will Sie zu nichts bekehren. Meine Sicht von Gott ist wesentlich weniger konkret als etwa die seines Stellvertreters auf Erden – für mich ist „Er" alles andere als ein alter Mann, eher eine persönliche Erfahrung – und vor allem ist es letztlich gar nicht so wichtig, wie man es nennt, solange man die Liebe des Alls erfährt und erwidert.

Dass der Big Bang, der Urknall, nur mit einer Singularität erklärt werden kann, ist weiterhin eine üble Schwachstelle dieser Schöpfungstheorie. Es gibt in unserem Weltraum keine Singularitäten, selbst wenn ein paar Leute noch so gern eine wären. Und wenn es sie gibt, kann man sie auch gleich Schöpfungsakt nennen. Mich überzeugt sie keineswegs mehr als die dumme Behauptung, Gott hätte einfach Schluckauf gehabt. Doch Gott hat die Wissenschaft ja vom Thron vertrieben.

Stets beruft sie sich dabei auf René Descartes, den Erfinder des reinen Verstandes, den Vater der Neuzeit. Mit ihm begann das Zeitalter der Aufklärung. „Cogito, ergo sum" hat er gesagt, meist übersetzt mit: „Ich denke, also bin ich". Genauer wäre: „Ich erkenne, ich nehme wahr, also bin ich". Das war zu seiner Zeit eine revolutionäre Aussage, weil er damit gegen die Herrschaft der Kirche und des blinden, verordneten Glaubens vorging. Aber er hat nicht gesagt „Ich kann beweisen, also bin ich". Er wollte seine Zeitgenossen vor allem auffordern, selbst hinzuschauen und ihren eigenen Verstand zu benutzen. Wahrnehmung und Erkenntnis geschehen schließlich im Innersten eines jeden Einzelnen.

Arno Gruen hat dazu gesagt: „Nur das, was allen zugänglich ist, zum Objekt wissenschaftlicher Auseinandersetzung zu machen, schließt jene aus, deren Bewusstsein einen erweiterten Zugang zum Erlebten erlaubt. Mit anderen Worten: Wissenschaft reduziert sich selbst auf den kleinsten gemeinsamen Nenner dessen, was Beobachter wahrnehmen können." (Aus „Der Verlust des Mitgefühls, dtv 1997)

Das Grundsätzliche jedenfalls kann jeder offene Mensch auch ohne Wissenschaft erfahren –der Wissenschaftler dagegen erfährt ausgerechnet das nicht, solange er nicht offen ist, offen im Sinne von zur Aufnahme fähig, empfindsam, empathisch. Den letzten Begriff gab es, zumindest für mich, noch gar nicht, als ich das Buch schrieb, dabei benennt er einen unserer wichtigsten Sinne, den sechsten, das Einfühlungsvermögen. Ergänzend möchte ich also 19 Jahre später hinzufügen, dass, genau wie Leben, Intelligenz und Liebe, auch die Empathie ein universelles Phänomen sein dürfte. Nichts trennt uns von alldem, was uns umgibt, von unserer Nasenspitze bis hin zu den unendlichen Fernen des Raums oder der Zeit.

# Literaturhinweise

Interview mit Frank Drake, El Mundo Magazine, 17.Juli 1993

Carl Sagan, Unser Kosmos. Eine Reise durch das Weltall, Droemer-Knaur 1982

Das Sternenjahr 94, Kosmos

Joan McIntyre, Der Geist in den Wassern, Zweitausendeins 1982

dtv-Atlas zur Astronomie, hg. von J. Hermann, 1973

Theodor Schwenk, Das sensible Chaos, Verlag Freies Geistesleben 1984

Teri C. McLuhan, Wie der Hauch eines Büffels im Winter, Hoffmann und Campe 1984

Chaos und Kreativität, GEO – Wissen, Nr. 2, Mai 1990

ZEHNHOCH, hg. von Philip und Phylis Morrison, Spektrum der Wissenschaft 1984, Zweitausendeins 1994

Kommentar Juni 2015 zum Abschluss der Formatierung

Fast täglich erscheinen Nachrichten zum Thema. Ein Wissenschaftler hat befunden, dass es in 20 Jahren entdeckt ist, das Leben im All. Kann man mal sehen, wie schnell die Wissenschaft in vielem dem einfachen Menschenverstand hinterher humpelt.

Inzwischen sind die Meldungen von Planeten in allen Größenordnungen in allen möglichen bewohnbaren Sonnenentfernungen gefunden, oft mit hoher Wasser Wahrscheinlichkeit. Langsam glaube ich wirklich, dass es Leute gibt, die nach einer Ersatzerde suchen, und zwar genau die, die diesen Planeten kaputt machen. Dabei hat die (Daily) Mail-Online schon 2007 eine neue Erde beschrieben, größer als die unsere und nur 20 Lichtjahre entfernt. Ich verstehe nicht, warum diese Leute nicht schon längst aufgebrochen sind.

Die Wissenschaft kommt der Religion immer näher, hat jemand geschrieben, weiß nicht mehr wo. Erfreut hat mich die Aussage eines anderen Astronomen, dass wir tatsächlich alle Sternenstaub sind. Klingt auf jeden Fall bedeutender als Lehm – ist aber das Gleiche. Alles ist letztlich Sternenstaub.

Und Seth Shostak, Direktor von SETI, entstanden aus MOP, sagt, dass zu glauben, wir seien allein im Weltraum, verrückt ist. 20 Jahre nach mir. (El País, 19.05.15)

Zeitfracht Medien GmbH
Ferdinand-Jühlke-Straße 7
99095 Erfurt, Deutschland
produktsicherheit@kolibri360.de